逆境を生き抜く力

沖縄興南高校 野球部監督
我喜屋優

WAVE出版

逆境を生き抜く力

はじめに　「逆境」を変えるために

人生はいいことばかりではない。
物事というのは、うまくいかないことのほうが圧倒的に多い。

壁にぶつかったときに、どうするか。
逃げつづけてしまう人。
立ち向かっていく人。
無為無策に過ごしてしまう人。
そのとき、その人の本当の姿が見えるのだと思う。

しかし、そこには逆説が生まれる。

逆境から逃げ、ラクなほうに向かおうとすれば、人生はいつまでたっても、嫌なこと、つらいこと、苦しいことだらけなのだ。

逆境から逃げれば逃げるほど、追いかけてくる。
いつまでたってもついてくる。
もし立ち向かっていけば、嫌なこと、つらいこと、苦しいことは少なくなっていく。
そしていつのまにか、それを楽しめるようになってくる。
苦労したことこそが、人生最良の思い出に変わる。

逆境がいつのまにか変わるのだ。

生まれてから死ぬまで、ずっと順風満帆な人生を歩める人など、ほんのひと握りだ。
しかし、苦労のない人生など、私は送りたいとは思わない。
苦しいときがあったからこそ、うまくいったときのよろこびが何倍にもなるからだ。
嫌なことから逃げようとすれば、いつまでも嫌なままだ。

嫌なことに立ち向かえば、いつか乗り越えられる。
自分をかわいそうだと思えば、みじめな気持ちになる。
自分は恵まれていると思えば、幸せな気持ちになれる。

人より劣っていると思ってあきらめたら、差はどんどん広がっていく。
優れた人に近づきたいと思えば、差は少しずつ縮まっていく。

うまくいかないことがあって、どうしていいかわからない人は、まずは目の前の、ほんの小さなことをおろそかにしていないか、考えてほしい。

早寝早起きをする。
整理整頓を心がける。
バランスのよい食事を、きちんととる。

まずはこんなあたり前のこと、ささいなことを再確認してほしい。

そのうえで、わずかでもいいから前に進んでみよう。
はるか遠くにある目標を目指すよりも、目の前の小さなことに真摯《しんし》に取り組むことだ。
人の嫌がることを進んでやってみることだ。
たとえ1ミリずつでもいい。
自分のできることから、一歩一歩進めていく。
それこそが、逆境を変えるコツなのだ。

現在、逆境にある人たちへ、本書が道を切りひらく、ヒントになればうれしく思う。
そして、人を育てることや自分をみがくことの、ヒントになれば幸いである。

目次

はじめに　「逆境」を変えるために――2

第1章
人間の根っこが逆境の守備力となる――13

人間の根っこはどこにあるのか　／14
生活態度ひとつで生きる力が得られる　／16
小手先の技術だけを頼るな　／18
ゴミを拾える人となれ！　／21
「朝の15分散歩」で五感をみがけば「言葉」が得られる　／24
五感を鍛えれば第六感がひらめく　／26
「1分間スピーチ」で「伝える」ことがラクになる　／29
目に見えない根っこが次の花を咲かせる　／32
人生には悩んだりよろこんだりする暇はない　／34

「魂・知・和」の言葉で逆境を乗り切れ／37
でっかいあこがれが、すべての原動力／39

第2章
離れてわかる「ディスポート精神」――41

何もなければ、遠くを見る／42
小さな場所だからこそチャレンジ精神は育つ／47
がんばりには〝にんじん〟がいる／51
挫折という名のデッドボール／58
旅立ちのおまけは一流の人との出会い／60
ハンデには笑うしかない／64
世界に旅立てば見えるもの／68
離れて知る大切なこと／70
私の信念「ディスポート精神」／75

第3章

何事も信念をもって取り組む魂《こん》――79

世の中は嫌なことばかりと思えばラクになる／80
言い訳は魂をかたくなにするギブス／81
非常識な努力はかならず結果をもたらす／83
マイナス要素こそ大きな力となる／86
信念は環境の悪さに負けない／88
逆境を友人にすれば宝となる／89
何事にもつらいことや嫌なことがある／92
冷静さが魂を支える／94
自分の「考え」と「行動」で生きるよろこび／97
嫌なものこそ信念で味わえ／99
ささいな行いに信念を込めているか／103
人のあるべき姿には「道」がある／108

第4章

たくさんの知恵や知識を身につける 知《ち》――113

「専門バカ」はもういらない／114

知恵で誰よりも早く大人になる／117

恥ずかしくない人になるには／119

フォローのできる人間であれ／121

「なんくるないさー」は通用せず／123

社会のしくみを知った者が勝つ／125

自分の「言葉」に責任を持つということ／127

真の価値は裏面を見ればわかる／129

自分ができないことは他人にやらせるな／131

行動に価値を見出せば勝てる／136

「反応力」を持つということ／138

逆さに物事を考えたことはあるか／140

着るものをナメるな！／142

第5章

仲間の信頼や協力を得る　和《わ》――145

信頼のパスポートは「あいさつ」から／146
他人に「選ばれる」人間になれ／148
自分の手をまず動かす／150
信頼は無言につながる／152
学びつづける人がいい／154
支えてくれる人を大切に／155
人生にベンチ裏はない／157
仲間は自然と結びつく／159
手にする道具も仲間と思う／164
素直に恩を受け、誰かに返す／166

第6章

人生のスコアボードで一流になれ――169
同情に甘えてはいけない／170
逆境にはワナがある／172
「目指します」「一生懸命やります」では成しとげられず／174
自分に何が足りないのかを知る／176
長所の研究は勝利への道／178
「守・破・離」の精神／180
勝って学び、負けて学べ／182
裏の回でも気を抜くな／184
人生のスコアボードはずっとつづく／187

おわりに――191

［装丁・装題］　k2・長友啓典
［装画・挿絵］　k2・竹内謙太郎
［構成］　山崎潤子
［校正］　宮崎佑子
［編集］　大村栄治
［帯写真］　学校法人興南学園

第1章　人間の根っこが逆境の守備力となる

人間の根っこはどこにあるのか

「生活態度やしつけについて日本一、口うるさい野球監督」

これが、私という人間をあらわすのに、ふさわしい言葉かもしれない。
私が生徒にまず徹底させるのは、野球よりも次のようなことだからだ。

「早寝早起き」
「食事は残さず食べる」
「大きな声であいさつをする」
「整理整頓を心がける」
「自分の意見を自分の言葉で伝える」

もはや、野球部の監督ではない。

まるで口うるさいガンコ親父のようである。

しかし、１日24時間をどう過ごすかは、人間としていちばん大切なことなのだ。

それは生徒たちだけにかぎらない。

大人たちも同様だ。

毎日何気なく送っている生活こそが、その人をつくる。

普段の生活が、その人の人生の「根っこ」となる。

規則正しい生活を送り、24時間をきちんと過ごしているか。

あいさつができているか。

そういったささいなことができていなければ、何も成しとげることはできない。

私生活がめちゃくちゃでは、勉強も、野球も、仕事だってできない。

たとえ一時的に表面を取りつくろっても、いつかかならずボロが出る。野球の技術を高めるよりも、生活態度をあらためることのほうが、はるかに大切なことなのだ。

何をするにも、まずは身のまわりを整え、きちんとした生活を送る。

これが私の指導者としての信条である。

生活態度ひとつで生きる力が得られる

2007年、私は34年住んだ北海道を離れ、母校である興南《こうなん》高校野球部の監督として沖縄に戻ってきた。

沖縄は、他県にくらべると野球の人気が高い土地柄だ。県民あげて高校野球を見守ってくれている。それゆえ、高校野球への期待も大きい。

昔は甲子園に出場するだけ、1勝するだけで称賛されたものだが、浦添《うらそえ》商業や沖縄尚学《しょうがく》などの登場もあり、いまの沖縄勢は甲子園での評価も非常に高い。当然、監督として要求されるレベルも高くなる。

しかし、私が監督になる前の興南高校は、24年間も甲子園から遠ざかっていた。私は、野球部にどんな練習メニューを取り入れようか、どうやって強くしようかなどと考え、期待に胸をふくらませていた。

しかし、はじめて野球部の寮に行ったときは驚いた。

部屋は散らかり、荒れ放題。

天井ではヤモリが這いまわり、床ではゴキブリたちが運動会をしているようなところだった。

部屋だけではない。

寮生たちの生活態度はそれ以上にひどかった。

夜はだらだらと遅くまで起きている。

朝もまともに起きられず、朝食を食べない。

食事や弁当も、好きなものしか食べず、嫌いなものがあれば平気で残す。

片づけもいいかげんにすませる……。

私が考えていた理想の寮とはまったく違っていた。

人間として、とてもまともな生活ができる場だとは思えなかった。

「これでは、野球が強くなるはずはない！」

これが私の第一印象だった。

私生活がだらけていたら、すべてがだらけてしまう。

野球以前の問題なのだ。

とはいえ、これは彼らだけに原因があるのではない。

もともと沖縄の親たちは夜型が多く、子どもたちも一緒に夜遅くまで起きている。

結果、朝は遅くなり、朝食も食べない、午前中はパワーがわかないといった生活になりがちだ。

「野球よりも、まず彼らの生活を変えなければいけない」

私はまず、知人に頼んで野球部の寮を改装した。

そして、「生活指導」を徹底することからはじめたのだ。

小手先の技術だけを頼るな

どうしたら生徒たちの気持ちがもっとわかるのか、生徒たちとの距離が縮められるのか。

沖縄に移った当初、私と妻はアパート住まいをしていたが、彼らときちんと向き合うために、私は妻とともに、寮に住み込むことにした。

妻には寮母として、生徒たちの健康管理や衛生管理などをチェックしてもらうことにした。温かい食事を出す環境を何よりも先に整えたかったからだ。

食べることで、人はつくられる。冷たい食事では何もはじまらない。

私は寮で生徒たちと一緒に暮らしながら、細かな部分まで逐一《ちくいち》チェックしつづけた。

そして、24時間の生活を見直していったのだ。


１日の出発点は朝にある。

６時に起床、15分で洗顔、歯磨き、着替えをすませ、寮の前の駐車場に集合。15分間の散歩を義務化させた。

しかし、長年送ってきた生活を一変させることなど、なかなかできることではない。

私は早寝早起きや食事をきちんととることなど、普段の生活がいかに大切なのかを、生徒たちに粘り強く説いた。

沖縄の人の気質や感覚には、内地の人には理解しにくい部分もある。

時間にルーズで、何があっても「なんくるないさ（なんとかなるさ）」という、楽天的で気ままな精神なのだ。

私自身が沖縄出身だったからこそ、この怠惰《たいだ》な雰囲気を理解できたのかもしれない。いや、沖縄の人の気質を理解しているつもりの私ですら、最初のうちはイライラしっぱなしの生活態度だったのだ。内地出身の監督だったら、沖縄独特のゆったりとした空気に、イライラを通り越して、あきれてしまうかもしれない。


睡眠をきちんととって、朝からしっかり体を動かして食事を味わうこと。

これによって、何が変わるのか。

子どもたちに、まずはこれを体験してほしかった。


私は野球の技術を教えることについては、長年の経験から自信があった。しかし、ただ技術を教えるだけなら、誰にでもできると思っている。

小手先の技術よりも、強い精神力をつくることのほうが大切であり、難しい。

精神を鍛えなければ、体を鍛えても意味がない。

指導者というのは、嫌われてもいいし、疎《うと》まれてもいい。

生徒のためになると思ったことを教えるときは、徹底的に厳しくあらねばならない。

そしてときに生徒の父親にもなり、兄貴にもなり、カウンセラー的な役割も果たさなければならない。

さすがに母親代わりはできないので、妻にやってもらうことにした。

ゴミを拾える人となれ！

沖縄の高校球界には、沖縄尚学、浦添商業、沖縄水産、中部商業などの強豪校がある。

当時の興南では、技術で彼らに勝つことはとうてい無理だった。

ある日、私は部員たちに告げた。

「いまのお前たちは、野球の技術では一番になれない。でも、ゴミ拾いなら勝てる。まずは日本一のゴミ拾いができるチームになろう」

「そして、甲子園を目指すという言葉はやめよう。それよりも、明日から目標を達成するための、心づくりをはじめよう！」

こうして私は、起床、洗面、身じたく、朝の散歩、体操、食事、整理整頓、清掃……と、生活指導を徹底した。そのあと少しずつ、生徒たちは変わっていった。

そして2007年の夏、たったこれだけで、興南高校は24年ぶりに甲子園出場を決めたのである。私が監督に就任してから、3ヵ月後のことだった。就任直後ということで、我喜屋マジックなどと言われたが、タネもしかけもない。これまでできなかった小さなことを、しっかりとできるようになっただけのことだ。

このときは2回戦で敗退したが、甲子園に行けたという事実は大きかった。たった3ヵ月で、技術がそこまで伸びるはずがない。何よりも、生活態度をあらためることがいかに大切か、生徒たち自身も気づきはじめたのだ。

ほかにも野球部の生活指導はたくさんある。

・どんなときでも時間厳守、5分前行動を徹底する
・誰に会っても、気持ちよく大きな声であいさつする

・いつでもだらだらせず、すばやく動く
・ものやお金の貸し借り、立て替えは一切禁止
・下級生に私的な用事を頼むことは禁止
・食事中は食器の音を立てない
・食器は洗いやすいように自分で片づける
・椅子の出し入れの際などは、音を立てない
・あらたまった場所（宿泊先での朝食時など）では、襟付きのシャツを着る

……と、数えあげればキリがない。

これらは、一つひとつを見れば小さなことかもしれない。

しかし、こういう小さな約束事を守れない者にかぎり大事な試合でかならずミスをする。小さなことをおろそかにし、ルールを破るような者は、どんなに技術があっても試合に出さない。

これが私の信念だ。

以前、大会前に数人の部員がほんの少しだけ、眉を剃っていたことがあった。眉を剃る

といっても、ほんの少し整えていた程度だ。

しかし、私は見逃さなかった。

野球部で眉を剃ることは禁止である。彼らはしばらくの間、練習禁止として草むしりをさせた。

しかし不思議なことに、その間に闘志がわいたのか、復帰したときの彼らの意気込みは、ものすごかった。

「朝の15分散歩」で五感をみがけば「言葉」が得られる

野球部の寮生に課せられているのが、毎日の「朝の散歩」だ。

これは、私が社会人野球の監督だったころから取り入れている、心のトレーニングのひとつだ。6時15分から30分までの時間で行う。

しかし、散歩といっても、集団でだらだらとしゃべりながら歩くのではない。

散歩という字のごとく「散って歩く」のだ。

みんなで一緒に歩けば、先頭がきちんと歩いても、うしろの者はなんとなくついて行くだけだ。また、先頭がだらだら歩けば、全員がだらだら歩くことになってしまう。しかも、みんな同じものしか見えないし、同じものしか聞こえない。

一人ひとりバラバラになって、思い思いのコースを歩いてみる。これが散歩だ。

そして、私が早朝の散歩をさせる真のねらいは、「五感を働かせる」訓練をさせるためなのだ。

毎日の散歩を通して、見る（視覚）、聞く（聴覚）、嗅ぐ（嗅覚）、触れる（触覚）など、かならず何かを感じてこいというわけだ。そうすれば、そのあとの朝食も「味覚」を感じ、自然と味わって食べるようになる。


吹く風や気温の変化を肌で感じる。

鳥や虫の声に耳を澄ませる。

季節ごとの花や木々の変化を自分の目でたしかめる……。


いまの子どもには、五感をみがくような場所がなかなかない。毎日部屋に閉じこもってゲームばかりしたり、ケータイをずっと眺めていたり、冷たい弁当を食べていたりしては、人間の大切な機能である五感が衰えてしまう。

毎日少しずつでもいい。

「きれいだな」「いい匂いだな」「おいしいな」「いい音だな」「おもしろい形だな」という、五感を働かせてほしいのだ。

私自身、田舎で育ち、自然に触れることで五感が鍛えられた。そして、五感をみがくことの大切さを学んだ。都会の那覇では自然に触れる機会も少ないわけだから、朝の散歩で五感を育もうというわけだ。


なぜ五感を育むのか。

五感を育むことが、野球を強くする近道だからだ。

五感を鍛えれば第六感がひらめく

人生で大切なことのひとつに「気づき」がある。

朝の散歩で心を集中して歩いていれば、気づかなかったことに気づけるようになる。

道ばたに落ちているゴミを見つけたら、かならず拾って帰る。

こうなれば、しめたものだ。いまでは散歩の途中でゴミを見つけたら、寮生全員がゴミを拾うようになった。

どんなことでも、まずは「やろう」という発心《ほっしん》の気持ちが大事だ。しかし、五感が働かなければ、「やろう」という自分の気持ちにさえ気づけないのだ。

ピンポイントでものを感じるように心を集中させる。そうすれば、かならずどんなことにも新しい発見がある。

私は、生徒たちによくこう言う。

「ときには音楽家になったつもりで耳をすませなさい。そうすればいろいろな音を聞くことができる。ときには料理家になったつもりで味わいなさい。そうすれば食材の本当の味に気づくことができる」

ほかの人が気づかないことに気づき、ほかの人が感じないことを感じる。五感を研ぎ澄ませることで、それができるようになる。

そして、五感を活性化させていれば、自然と第六感が働くようになる。

第六感が働くということは、いざというときに正しい反応や判断ができるということだ。つまり、勝負勘が身についてくるということだ。

たとえば私たちは道を歩いているとき、まさか敵に襲われるとは想像さえしていない。100パーセント大丈夫だろうと思って歩いている。

私はこれを「慢心の第六感」と呼んでいる。

一方、野生の動物は、常に警戒しながら生きている。常に五感を研ぎ澄ませているから、いざというときに第六感が働く。敵が攻撃をしかけてくる一歩も二歩も手前で反応して、対応することができるのだ。

野球というのは、野生の動物のように第六感を働かせなければならないことの連続である。いまは起きていないが、次の瞬間に起こることに対して、体を反応させなければならない。この第六感が働くか働かないかで、試合の結果は大きく変わる。


これは野球だけにかぎったことではない。仕事や勉強でも同じだ。

五感をみがくことで、野球もうまくなるし、勉強も仕事もはかどる。どんなことにも心を集中して取り組めば、かならず結果が出る。だからこそ、朝の散歩をきっかけにして、

24時間、小さなことにも慢心せず、五感を使うことを意識してほしいのだ。

だらだらせずに、背筋を伸ばしてさっさと歩く。

椅子の出し入れ、ドアの開け閉めのとき音を立てない。

そういうふうに生徒たちには、何気ない動作の一つひとつに集中しながら生活することを教えている。

「1分間スピーチ」で「伝える」ことがラクになる

朝の散歩には、もうひとつルールがある。

散歩から帰って体操を終えたら、抜き打ちで数名を指名して「1分間スピーチ」をさせる。散歩で感じたことや気づいたことを、1分間スピーチせよというわけだ。

朝の散歩はただ漫然と歩くだけではない。

情報収集、つまりなんらかの取材をしなければならないのだ。取材対象はなんでもいい。散歩の途中に電柱が何本あったかでもいいし、車と何台すれ違ったかでもいい。毎日の散歩の中で、昨日は蕾《つぼみ》だった花が今日は咲いていたとか、街や自然と対話し、日々の小さな変化に気づくことが大切なのだ。
経験のある人ならわかると思うが、スピーチの1分間は長いものだ。いきなり指名され、「1分間スピーチしろ」と言われてうまく話せる人は、大人でもなかなかいない。
しかも、沖縄の子どもたちはもともとシャイで、人前で話すのが大の苦手だ。よけいなことは一切話さない。それはまるで、貝のように。

しかし、頭の中で思っているだけでは相手に何も伝わらない。言葉にして、口に出すことが大切なのだ。話す訓練をすることで、言葉の持つ力を感じてほしいのである。そして、自分を表現する術をみがいてほしいのだ。

スピーチでの話題づくりのために、生徒たちは自然と新聞を読むようになった。テレビを見て話題をつくるのは簡単だが、新聞を読んで話題をつくるのは難しいものだ。文章から状況を想像して、自分の中で解釈して言葉にする。これは表現力を養うのに、非常にいい訓練になる。また、テレビニュースのアナウンサーの話し方をよく見て、正しい話し方を学ぶことも教えた。

人に何かを伝えることはとても大切なことだ。

また、楽しいことでもある。うまく話せれば、小さな成功体験にもなる。

相手に伝えよう、自分を表現しようと思うだけで、同じ桜の花を見ても、何かを感じよう、気づこうとする心が芽生える。

これは野球でも社会でも、とても大事なことだ。


「今日は試合があるから、みんなでがんばろう」これなら誰でも言える。

しかし、「がんばろう」なんて口先だけで言っても、あまり意味はない。スピーチを続けていくうちに、「相手チームの投手はこういう癖があるから、こういう対策をとろう」と話せるようになる。

みんなのために、なんらかの情報を伝えることができるのだ。


情報を伝える能力が身につけば、社会に出てからもかならず役に立つ。

みんなの前で1分間堂々と話せたら、30分だって1時間だって話せるようになる。

たった1分間だって話せない社会人が、世の中にはたくさんいるのだ。

「1分間スピーチ」をはじめたころは、みんなしどろもどろだった。しかし、つづけていくうちに、少しずつうまくしゃべれるようになってきた。

いまでは立派なもので、監督の私よりうまく話せるようになった。


ある夏の日、ひとりの生徒がこんなスピーチをした。

「春の桜はきれいな花を咲かせて私たちを楽しませてくれます。夏の桜は、花こそ咲かないけれど、太陽の光を一身に受けとめて日陰をつくり、下にいるお年寄りや子どもを癒やしてくれます」

口下手だった生徒たちが、自分の言葉を使ってこれほどすばらしい表現をするようになったのだ。

目に見えない「根っこ」が次の花を咲かせる

2010年の春、興南高校野球部は甲子園ではじめて優勝することができた。

優勝を決めた翌日、大阪での宿泊先近くにある住之江公園で、朝の散歩を終えて野球部全員が集まった。そこで、キャプテンの我如古盛次《がねこもりつぐ》がこう言った。

「住之江公園の桜も満開で、まるで僕らの優勝を祝福してくれているようです」

すばらしいスピーチだった。

日頃「1分間スピーチ」によって話す訓練をしているせいか、うちの選手たちは優勝インタビューでも立派にこたえることができた。

甲子園という大舞台で勝ち進んでいくうちに、彼らは本当に、日々生まれ変わったような活躍をしてくれた。優勝した瞬間は、彼らが遠いところに行ってしまったような、すっかり大人になって自分の教え子ではなくなってしまったような、少しさみしい気持ちになったほどだ。


甲子園で優勝するのはすばらしいことだ。ほかでは味わえないほどの大きな達成感もある。しかし、祝勝ムードに浮かれて、足元がおろそかになったら、そこで終わってしまう。

選手がホームランを打ったとき、ほかの人は上を見てボールの行方を追うが、私はいつも1塁ベースを見つめている。

ちゃんとベースを踏み忘れていないか、チェックしているのだ。

私は部員たちに告げた。

「春の甲子園を制すればまわりも変わる。
夏も勝ってくれと連覇を期待される。
しかし、それは他人の気持ちでしかない。
君たちは、自分たちのいまやるべきことを忘れてはいけない。
これまでやってきた、小さなことの積み重ねを忘れてはいけない。
今日から、次の花を咲かせるための根っこづくりをしていこう」

彼らはすぐに

「わかりました！」

とこたえてくれた。

人生には悩んだりよろこんだりする暇はない

興南高校野球部が、甲子園優勝という大きな花を咲かせたのは事実だ。

しかし、その花を咲かせているのは枝であり、枝を支えているのは、幹である。

そしてすべてを支えているのは、目には見えない「根っこ」なのだ。

「根っこ」は普段、土の中に隠れて見えない。

つまり、「甲子園優勝」が「花」ならば、「普段の生活態度や練習」が、「根っこ」なのだ。

どんなに美しい花も、いつかかならず散るときがくる。

そして散った花は、元には戻らない。

けれども、根っこをちゃんと育てていけば、きっとまた美しい花が咲く。花が咲いたことに有頂天になって、根っこに水をやるのを忘れてしまえば、いつまでたっても次の花が咲くことはない。

いつまでも、花を愛《め》でているわけにはいかないのだ。

花の命は短い。

力強い根っこや幹、枝葉を育てる過程こそ、人生そのものだ。

どんなにうれしいときでも、「花は散る」と考えよう。

また、どんなにつらく悲しいときでも、「春は来る」と信じよう。


高校野球をやるからには、誰だって甲子園に出たい。

しかし、甲子園に出るだけではダメだ。真剣勝負の戦いに勝ち抜いて、優勝したい。

かといって、甲子園で優勝しただけでもダメなのだ。

そこで慢心したら、甲子園の優勝だけで人生が終わってしまう。

過去の栄光ばかりにとらわれた人生になってしまう。

結果を出すことは大事だが、結果にとらわれすぎてはいけない。

人生は長いのだから。

私が常日頃から生徒に言っているのは、

「悩んでいる暇も、よろこんでいる暇もないよ」ということ。

人生は長い。長いからこそ、うれしいこともつらいことも、冷静に受けとめるべきなのだ。

何事も、切り替えは早いほうがいい。

部員たちもこのことを理解して、春の甲子園優勝の翌日にはスパッと気持ちを切り替えられた。

寮に山ほど届いていた、たくさんのお祝いの花束や千羽鶴なども、彼らのほうから「もう片づけていいですか」と言って片づけた。私としては、あと2、3日飾っておいてもいいと思っていたのに……。

その結果、彼らは夏の甲子園でも優勝し、史上6校目の春夏連覇という偉業を達成したのである。

「魂知和《こんちわ》」の言葉で逆境を乗り切れ

「魂《こん》・知《ち》・和《わ》」

私は指導者として、常にこの「魂・知・和」という言葉を掲げている。

この言葉は、興南高校の初代理事長で、野球部を創設し監督を務めた、高良徳栄《たからとくえい》氏がいたころから使っていた言葉である。
私が18歳の夏に甲子園に出場し、興南旋風を巻き起こしてベスト4になったときも、この「魂・知・和」を、部員たちの心をひとつにするための合い言葉として使っていた。
そのあと時が流れ、すっかり忘れ去られていたこの言葉を、母校である興南高校野球部の監督に就任してから復活させた。

何事にも信念を持って取り組む「魂」

たくさんの知恵や知識を身につける「知」

仲間の信頼や協力を得る「和」

続けて読めば、「こんちは」というあいさつの言葉にもなる。
この3つは、何事においても、非常に大切なことだ。
私は部員たちに、この言葉の持つ意味を何度も説いた。どんなときも、これを合い言葉として胸に刻み、さまざまなことに取り組んでほしかったのだ。

でっかいあこがれが、すべての原動力

「井の中の蛙、大海を知らず」という言葉がある。

しかし考えてみれば、田舎の小さな村で育った私は、井の中の蛙そのものだった。

しかし、井戸の中から蛙が上を見上げてみれば、空が見える。

見える空は誰のものでもない。

すべて自分のものだ。

夢は無限であり、すべて自分のものだ。

最初は井の中の蛙だったとしても、夢を忘れず、知恵を絞り、努力をしつづければ、いつか、かならず大海に出ることができる。

空を見上げることなく、下を向いたままだったら、本当に井の中の蛙で終わってしまう。

井戸の底にいた蛙だからこそ、大きな空にあこがれることができる。

ここから出たいんだという気持ちが強ければ強いほど、それが夢に向かって進む原動力となる。

また、どんなに小さなことや簡単なことでも、信念を持って取り組んでいれば、かならず人生は好転する。これが、私がこれまで生きてきた中で感じたことだ。

いまの自分ができることを一つひとつこなして、もう大丈夫だと自信を持てるところまでやる。常にベストを尽くす。

ベストを尽くすというと大げさなようだが、どんなに小さな簡単なことでもおろそかにせず、真摯に全力で取り組むことだ。


ゴミ拾いでも、あいさつでも、ウォーミングアップでも、なんでもいい。

いまできることを全力でやろう。

それをつづけていけば、人は少しずつ、かならず変わってゆく。

第2章　離れてわかる「ディスポート精神」

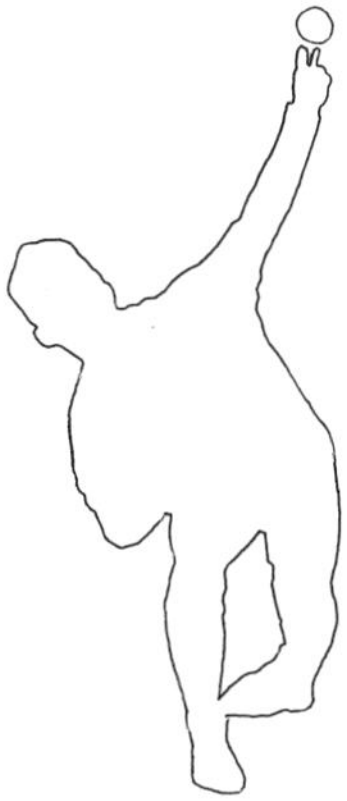

何もなければ、遠くを見る

1950年、私は沖縄県島尻郡にある、いまは南城市の玉城《たまぐすく》という小さな村に生まれた。玉城は沖縄本島の南部にある、小さな田舎の村だ。

また奇しくも、私が生まれた6月23日は、「沖縄慰霊の日」でもある。

当時の沖縄は、戦争の爪痕を残したまま、アメリカの統治下にあった。1951年の平和条約を経て、1952年、沖縄には琉球政府が創設され、アメリカの軍政下に置かれたのだ。そして島の各地には、アメリカ軍の基地や施設などが数多くつくられた。

私が生まれたのは、自然のほかには何もないようなところだった。

目の前には青く大きな海が広がり、うしろには緑の山並みが広がる。

学校に通うときは、片道3、4キロほどの道のりを草履で歩いた。靴なんて、もちろんなかった。朝は国道を通って行くのだが、帰りは山道を通ったり、浜辺を通ったりして、遊びながら帰るという毎日だった。

いまの子どもたちのように、市販の遊び道具なんて何ひとつなかった時代。遊び道具は、山や海といった自然の中に見つけるしかない。

海で魚釣りをしたり、砂浜に棒切れで線を引いて三角ベースをしたり、山で木登りをしたり、ターザンごっこをしたり、木の上にやぐらをつくったり……。

そのころの私は、毎日違う遊びを考えては、日が暮れるまで友だちと遊んでいた。もちろん、お金を使って遊ぶなんて考えられないから、創意工夫の毎日だ。

何もないからこそ、知恵を絞るしかなかった。逆を言えば、知恵を絞り、工夫さえすればなんでもできた。

同時に、家計を助けるために、両親の仕事の手伝いもたくさんした。

バナナを町に運んで売る手伝い、畑仕事の手伝い、船を出して漁の手伝い、サトウキビ畑で収穫の手伝い……。いまでも講演会などで南城市を訪れると、幼い私が母と連れ立ってバナナを運ぶ姿が、まぶたの奥に浮かぶ。

当時の私たちは、大人の手伝いをするのがあたり前だった。親に甘やかされる余裕など微塵もなかった。

親に甘やかされたり、こづかいをもらったりするよりも、家計を助けて母親がよろこぶ顔を見るほうが、楽しかったのだ。

昔の子どもは、いまの子どもとくらべて、ずいぶん大人だったと感じることがある。当時、田舎の子どもたちはみんな貧しくて、親にかまってもらうことなど、ほとんどなかった。また、大人の手伝いを一人前にしなければならず、何かあったら自分で責任をとらなくてはならなかった。

毎日海や山で遊んで、ケガをするのも日常茶飯事。転んで足をくじいたり、珊瑚《さんご》で足を切ったり、ウニの棘《とげ》が刺さってなかなかとれなかったり……。

しかし、そんなことで泣きごとを言うような子どもはひとりもいなかった。ケガをしたのは、誰の責任でもない。不注意だった自分が悪いからだ。

いまの親たちには怒られるかもしれないが、子どもにとっては、危険と背中合わせの、ぎりぎりの遊びがいちばん楽しいものだ。

大人のお膳立てでキャンプや自然体験ツアーに出かけるような、リスクを回避してさまざまなことを禁止するいまの社会とは、まったく違う世界がそこにはあった。

どんなときも安全など保障されていないから、自分の身は自分で守るしかない。危ないこと、つらいこと、嫌なことが、みんな隣にいた。逃げることができないから、慣れるしかなかった。

そして、いつのまにか、私たちはそれらと友だちになった。


子ども時代は貧しかったし、いまの子どもたちとくらべれば嫌なことや苦しいことばかりの毎日だったが、不思議とつらいと思ったことはなかった。

何もないから、いろいろな遊びを発明した。お金もないから、大人の手伝いを一人前にした。そこで、工夫する楽しさや完成させるよろこびを知ることができた。常に新しいものを発見しようとする心も養われた。

そういった工夫は、いまでも私自身の野球や人生にも活かされている。


子ども時代、遊びや仕事の手伝い以外に興味があったのは、スポーツだった。大人たちがやっている青年運動会や陸上競技会で行われているさまざまなスポーツは、私の心をとらえた。そのころの私は、見よう見まねでバスケットをしてみたり、バレーボールをしてみたり、ハイジャンプをしてみたり……。もちろん道具はないのだが、やってみたいことはなんでも、真似してやってみた。

近くの米軍基地では、アメリカの軍人たちが野球をしているのを金網越しに見つめた。ボールやグローブなど、中古の野球用具を譲り受けることもあった。とはいえ、チームを2つに分けて行き渡るような道具もなければ、グラウンドもない。あぜ道でキャッチボールしたり、海に向かって石ころを投げたりして、野球の真似ごとをよくしていた。

真似ごとではあるけれど、球技も陸上競技もひと通り経験した。そのころから、私は人一倍好奇心旺盛で欲ばりだったから、他人がやっているのを見ると、どうしても自分でやってみたくなるのだ。

いまの子どもは少年野球をやっていれば野球だけ、サッカーをやっていればサッカーだけで、ほかのスポーツをする機会が少ない。

スポーツの英才教育を受けている子どもたちであれば、なおさらだ。

私は貧しいながら、やりたいことはなんでも遊びの中で体験できた。

何もないからこそ、自由だったのだと思う。

そして、自然とたわむれるうちに、いつのまにか体力づくりができていたのかもしれない。

小さな場所だからこそチャレンジ精神は育つ

思えば子どものころは、食べるものといえば田芋《ターンム》ばかりだった。田芋でなければ、バナナ。ごくまれに白いごはんを食べられることもあったが、おかずなんてもちろんない。

町の食堂に行けば、ショーケースにカレーライスやオムライスなんていうメニューが並んでいたけれど、もちろん食べたこともない。

「世の中には、こんなハイカラな食べ物があるのか」と思ったものだ。

お弁当にもおかずは入っていないから、親にお金をもらい梅干しをひとつ買って日の丸弁当を食べるのが、ささやかな楽しみだった。箸を忘れて近くのすすきを切って箸代わりにした、なんていう思い出もある。

両親は、家族を守る、つまり食べ物を確保するので精一杯だった。

そういう両親の背中を見て育ったから、食事どき以外に腹が空いたら、自分でなんとかするしかなかった。

遊び疲れて腹が空いたら、浜辺で焼き芋をしたり、魚をとって食べたり、山では自然に生えているシークヮーサーやグァバを食べたり、口に入るものはなんでも食べた。それはまるで、野良犬のような少年時代だった。

そして、玉城という小さな村に暮らす私は、海に浮かぶ大きな船を見ては、「遠くへ行きたいな」と、山を眺めては、「山の向こうへ行ってみたいな」と、見果てぬ夢を心に描いていた。

小さな村に生まれたからこそ、大きくて広い世界にあこがれ、たくさんのものを自分の目で見てみたいという気持ちが、むくむくとわき出したのだ。

最初から恵まれた場所にいれば、そこから離れたい、抜け出したいとは思わなかっただろう。私のチャレンジ精神は、そうやって育っていった。

田舎に生まれたからといって、臆することはない。

チャレンジ精神は、むしろそこから生まれてくるものなのだから。

玉城村で生まれ育った私だが、小学校4年生の1年間、同じ名字というだけで、あと継ぎのいない家の養子というかたちで、那覇で暮らしたことがある。

当時は同じ沖縄県内でも、那覇と玉城では大きな違いがあった。かたや、山や海といった自然しかない田舎の玉城と、人も車も多い大都会の那覇。そこには、まったく違った生活様式が存在した。

琉球伝統菓子の老舗《しにせ》だったその家は、私が生まれ育った玉城の家とは大違いのお金持ちだった。

玉城で育った野良犬のような少年が、老舗菓子店の跡取りということで、毎日きちんと学校に行かされ、英才教育を受けることになった。経済的にはなんの不自由ない暮らし。

これまでと１８０度違う管理社会に入れられたようで、私は大いに戸惑った。

子ども心に、那覇と玉城でのいちばんの違いは、食べ物だった。

私を驚かせたのは、食べたこともないような豪華な食事や、甘くておいしいお菓子のある暮らしだった。

そしてもうひとつは、テレビだった。当時の玉城には電気が引かれていなかった。かまどで煮炊きして、夜はランプを灯す生活。那覇で生まれてはじめてテレビを見たときは、本当に「箱の中に人がいる！」と思ったくらいだ。

事実私は、食べ物とテレビにつられて養子に行ったようなものだった。

しかし、那覇での暮らしは1年と持たなかった。年が明けてお年玉をもらったその日、私はその家から逃げ出した。

野良犬のような暮らしをしてきた私には、絹に包まれたような、上品な暮らしが耐えられなかったのだ。

たった10歳ではあったけれど、玉城村を離れて知ったのは、大切なのはお金でも、ものでもないということ。そして、親元を離れることの寂しさだった。

毎日一緒にいるとわからなかったが、親のありがたみが本当に身に沁みた1年間だった。実際に離れてみなければ、決してわからない感情だった。

結局その1年後、小学校5年生のときに、私たち家族は那覇に引っ越すことになる。父が水道工事の仕事で独立し、那覇で仕事をはじめることになったからだ。

もちろんそこでも、私は父の手伝いをした。鉄パイプを切ったり、パイプのネジ切りをしたり……。いまでも水道工事の手伝いなら、きっとできると思う。

現在野球部で取り入れている、砂を入れてつくった砂バット練習を考案したのも、この経験のたまものだ。

がんばりには〝にんじん〟がいる

小学校を卒業し、私は那覇市内の古蔵《こくら》中学校に入学した。新設されたばかりの学校で、私たちは3期生。当時は野球部がなく、私はバスケット部でキャプテンをしていた。

そのあと、バスケットだけでは飽き足らず、走り高跳びや棒高跳びなど、陸上競技も経験した。バスケット部でジャンプ力がついたおかげで、私は当時の沖縄の県大会で、棒高跳びの新記録（約3メートル30センチ）をつくることもできた。

棒高跳びの新記録をつくったことで、興南高校の陸上部から勧誘された私は、迷うことなく入学を決めた。つまり、興南高校へ入学した当時、私は野球部ではなく陸上部の部員だったわけだ。

興南高校に入学し、陸上部でひとり黙々と練習していた私は、野球部の練習を眺めては、「野球のほうがおもしろそうだな」と感じはじめていた。クラスの中でも野球部員は楽しそうにワイワイやっているし、うらやましい気持ちもあった。

そうなると、元来の「やってみたい」という気持ちが頭をもたげ、いても立ってもいられなくなるのが私の性分だ。さっそく「野球部に入れてください！」と頭を下げてお願いにいった。

案の定、最初は断られた。陸上部に勧誘されて入学した者が、陸上部を辞めて野球部に入りたいなんて言語道断、というわけだ。陸上部の監督や先輩たちからも怒られた。しかし、毎日野球部に足を運び真剣に頼んでいるうちに、入部を許可してもらうことができたのだ。

こうして、途中から野球部にもぐり込んだ私だったが、当然のごとく野球部からは、まったく相手にされなかった。もちろん、レギュラーの座など果てしなく遠い。試合に出られるチャンスもない。

それでも、野球をやりたいという気持ちのほうが強かった。

だから、やれることがあればなんでもやってやろうと思った。

そして何よりも、仲間と協調することが大切だと思った。

私は人の嫌がるような雑用を、率先してやった。

ボールやバットをみがく。

汚れものを洗濯する。

スパイクをみがく。

ボール拾いをする。

あと片づけをする。

掃除をする。

ゴミ拾いをする。

草むしりをする……。

玉城で両親の手伝いをしていた日々にくらべれば、こんなことは少しも苦にならなかったのだ。


私が野球部員となった高校1年の夏、我らが興南高校野球部は、初の甲子園出場を決めた。

もちろん、部員全員が甲子園に行けるわけではない。ベンチ入りの選手として甲子園に行けるのは14名のみ。そのほかに3名を雑用係として連れて行くというのだ。

ある日、甲子園にいく部員の発表が行われた。

次々と名前が呼ばれる。選手は予想されていたメンバーだ。甲子園に連れて行ってもらえるのは、当然戦力順だろうと思いながら隅のほうで聞いていると、3名の雑用係のひとりとして、私の名前が呼ばれた。

自分の名前が呼ばれたときは、「えっ？」という感じだった。

そのあと我に返ると、うれしくて天にも昇る気持ちになった。

小さな村に生まれ育った私にとって、内地に行ける、甲子園をこの目で見られるということは、途方もないよろこびだったのだ。

同時に、毎日くさることなく雑用をやっていてよかったと心から思った。文句ひとつ言わず、黙々と雑用をこなしていた自分の姿を、監督はじめ部員のみんなが、認めてくれていたことに気がついたからだ。

当時、沖縄から甲子園のある大阪までは、船で鹿児島まで行き、鹿児島から夜行列車に乗る。片道2泊の長旅だった。「甲子園というのは、本当に遠いところなんだな」と思ったのをよく覚えている。

また、当時は内地にいくのにパスポートが必要な時代だった。そのとき取得したパスポートは、いまでも大事にとってある。

残念ながら、その年の興南高校野球部は初戦敗退に終わってしまったが、私にとって、はじめての甲子園行きは興奮の連続だった。

いまも昔も、高校球児たちにとって甲子園というのはあこがれの存在、夢の向こうにあるようなものだ。船と列車を乗り継ぎ、この目で甲子園球場の外壁を見た瞬間は、足が震えるような威圧感だった。

球場の中に入ると、そこには緑の芝と真っ黒い土のコントラストが映える美しいグラウンドがあった。赤土の多い沖縄では考えられない、本当に夢のような光景だった。

ご存じの人も多いだろうが、甲子園というのは通常よりもスタンドが傾斜しており（傾斜によってスタンドの位置が高いため、アルプススタンドと呼ばれる）、巨大なすり鉢のような形状をしている。そのため、人びとの歓声がこだまし、地鳴りのように響き渡る。

大きくて立派な甲子園球場を目のあたりにし、轟《とどろ》く熱い声援を耳にし、漂う熱気を肌で感じたことで、甲子園に対する思いがより一層強くなった。

「自分たちもここで実際にプレーしてみたい」と心から思った。

しかし、人間というものは、一度信念を持ったらこんなにも変わるものだろうか。

それからの私は、死にものぐるいで、一心不乱に練習した。

来る日も来る日も、練習に明け暮れる日々だった。


当時の野球部の練習は、それはそれはきつかった。

ミスをすれば、フルスイングの「ケツバット」が待っているという恐ろしい現実。バットには「根性注入棒」と書かれていたほどだ。あまりに練習が厳しくて、辞めていく部員があとをたたなかった。

しかし、私は内心「もっと厳しくしてくれ」と思っていた。「自分ならどんなに厳しい練習も耐えてみせる。人数が減れば、レギュラーの座がまわってくるかもしれない」と思っていたのだ。

2年生になり、気がつくと私は野球部のキャプテン、そして4番打者になっていた。

キャプテンになって思ったのは、ほかにはない、自分たちだけの野球がしたいということ。仲間同士であしよう、こうしようといろいろ話し合って、練習メニューも創意工夫した。自分たちで考えたことをやるからおもしろいし、考えて動くようになるから身につく。練習にも一層熱が入った。

そして1968年、3年生のとき、沖縄予選を勝ち進み、夏の甲子園出場が決まった。当時、甲子園での沖縄勢の戦績は、1963年に出場した首里《しゅり》高校が1勝したことがあるのみ。甲子園での沖縄勢の活躍は、すべての沖縄県民の願いだった。2回戦を突破したら飛行機で帰してくれるという〝にんじん〟を目の前にぶらさげられて挑んだ甲子園の戦い。初戦を突破して、2回戦、3回戦……と勝ち上がった。

その結果、興南高校野球部は沖縄県勢初のベスト4という快挙を成しとげたのだ。チームには飛び抜けてすごい選手などいなかった。厳しい練習に耐えられず、技術のある選手が次々に辞めていったからだ。それなのに、ベスト4まで勝ち進むことができた。これだから野球はおもしろい。チームが一丸となって取り組めば、技術の差など吹き飛ばすことができるのだと、このとき学んだ。

当時の活躍は「興南旋風」と呼ばれ、島をあげての大フィーバーとなった。

試合中は台風が通ったあとのように、沖縄の街や道路から人影が消えたという。商店街なども休業状態で、まだ数の少なかったテレビやラジオの前にみんなで集まり応援する。商店や会社だけではない。歯医者なども患者を待たせて試合観戦。町の機能がストップするほどの熱狂ぶりだったと、当時を知る人は言う。

沖縄に帰ると、那覇港での歓迎式典があった。港で式典の準備がされているということで、結局当初の飛行機で帰すという約束は果たされなかったのだ。さらにそのあと、那覇市内で監督と野球部員によるパレードも行われた。

挫折という名のデッドボール

夏の甲子園が終わり、高3だった私は進路を決めることになった。

甲子園での活躍によって、私はいくつかの大学からオファーをいただいていた。六大学野球にあこがれていた私は、明治大学への進学を希望したが、経済的な理由から母親が難色を示した。

「野球ができるなら、どこだっていいさ」

そんな思いから、私は静岡県富士市にある大昭和製紙という会社に、社会人野球の選手としてお世話になることにした。

当時の大昭和製紙富士といえば、都市対抗野球大会の常連で、二度の全国制覇を果たした社会人野球の強豪であった。また野球だけでなく、オリンピックに数々の選手を送り込んだ陸上の名門チームも抱えていた。

私は、また思いきり野球ができるという期待と、日本一の富士山にあやかりたいという気持ちを胸に静岡へ向かった。

そして、静岡に着いたときは、まだ2月か3月のころだったから、目の前にそびえ立つ富士山を見ながら、「沖縄にくらべると、内地は寒いんだな」と思ったものだ。

静岡では、すべてがはじめての経験だった。

午前中は会社勤め、午後は沼津のグラウンドで野球の練習をするという生活。富士山を左に、駿河湾を右に見ながら、電車での通勤生活。沖縄には電車がないから、毎日新鮮だった。会社ではさまざまな礼儀や決まりごとも学んだ。社会人になったんだという実感もわいた。

しかし、当の野球に関しては、大きな挫折感を味わったのである。

大昭和製紙の野球部は、思った以上にすごいところだった。練習量もきつさも、興南高校時代とはまったくレベルが違う。

六大学で活躍したメンバーや、プロ野球選手予備軍ともいえる、体格に恵まれた選手たちがバットを振る、豪速球を投げてくる。ただの甲子園ボーイだった自分との差は歴然だった。

甲子園で大声援を浴び、興南旋風などと呼ばれて舞い上がっていた自分。そんな過去の栄光など、一瞬で吹き飛んでしまった。むしろ、甲子園ボーイだった自分が恥ずかしくなった。これまでの自分のスポーツ人生が、豆粒のように小さく感じられた。

そのあと、長く試合に出場できない日々がつづき、私は人生初の挫折を味わった。

旅立ちのおまけは一流の人との出会い

大昭和製紙野球部の隣のグラウンドでは、陸上部が練習を重ねていた。

この陸上部が、ものすごかった。

ハンマー投げ、１００メートル走、棒高跳び、三段跳び……。オリンピックに出るようなクラスの一流選手たちが、切磋琢磨している姿を目の当たりにしたのだ。彼らのトレーニングを目にした私は、「すごい、すごい」と驚きの連続だった。沖縄で接したスポーツ選手といえば、せいぜい国体の選手くらいのものだ。高校レベルの選手とオリンピック候補の彼らとでは、大人と子どもくらいの差があった。当初は彼らの姿を見て、「同じ人間じゃない！」と度肝を抜かれた。私はそこでカルチャー・ショックを受けるとともに、さまざまな刺激も受けた。

陸上部の選手たちは、競技そのものの練習よりも、ひたすら筋トレなどの基礎練習に時間を費やしていた。一流の選手であればあるほど、たった数十センチ、零コンマ何秒の記録を伸ばすために、陰ですさまじい努力を積んでいた。その姿を見て私は、目には見えない努力の大切さを学んだ。生まれてはじめて「本物のトレーニングはこういうことか」と目が覚めた気持ちだった。

もともと子どものころから、さまざまなスポーツに興味があった私である。力をつけるためにはこういうことをするのか、速く走るためにはこういうことをするのかと、野球の練習をするかたわら、彼らの練習法をじっと見つめた。

同時に、彼らに接し言葉を交わすことで、一流の選手の考え方に触れることができた。これこそが私の大きな財産となった。

静岡では野球の練習にも励んだことはもちろん、陸上部の練習に触れたことが、そのあとの私の野球人生を大きく変えた。もし野球しか見ていなかったら、私は挫折して沖縄に帰っていたかもしれない。

中でも大きかったのが、ハンマー投げの室伏重信《むろふししげのぶ》選手のほか、陸上部の選手たちとの出会いだ。

室伏重信選手は、オリンピックに4度出場、日本選手権10連覇、アジア大会5連覇などの偉業を成しとげ、「アジアの鉄人」と呼ばれた人物。2004年・アテネオリンピックハンマー投げの金メダリスト、室伏広治《こうじ》さんは彼のご子息だ。

大昭和製紙の陸上部に所属していた室伏選手とは、宿舎やトレーニング場が一緒だった。プロレスラーかと思うような大きな体で、200キロ~300キロのバーベルを持ちながら、スクワットをする人だった。自分の強さにおごらず甘えず、人一倍真摯にトレーニングを重ねるその姿に、胸を打たれた。

ある日、自信を失い心が折れかかっていた私は、室伏選手はじめ、ほかの選手たちの練習に取り組む態度や言葉に感銘を受けた。

「何かひとつでもチームの中で、誰にも負けないものをつくればいいんだ」

ということを、個性豊かな選手たちから学んだのだ。

この言葉を胸に、私は自分の中で自信を持っていた背筋力のトレーニングに力を入れはじめた。ほかの選手たちと自分の間に差があるなら、理屈抜きで人の2倍以上練習するしかない。私は毎日のように夜遅くまでトレーニングに励んだ。その結果、野球部でトップレベルの背筋力をつくることができた。このことは、私のとても大きな自信となった。そして、ここでつかめるものをすべて吸収してやろうと思った。そうなると、何を見るのも何を聞くのもおもしろくなった。いつのまにかつらいことも忘れて、練習が楽しくなっていった。

子どものころ、大人がやっているスポーツを真似たように、砲丸投げや円盤投げ、ハンマー投げなど、陸上部のトレーニングを真似てみたりもした。

持久力、瞬発力、跳躍力、走力、筋力……。野球用の専門的なトレーニングよりも、他種目から学ぶことのほうが、むしろたくさんあった。

私はそこで、従来の野球用のトレーニングといわれているものが、いかに保守的なものであるかということに気がついた。

ハンデには笑うしかない

入社して4年目、練習の甲斐もあって、チームでやっと試合にも出してもらえるようになり、意気込んでいたころのこと。突然、私は北海道への転勤を命じられた。大昭和製紙の工場がある北海道白老《しらおい》郡白老町にも野球部があった。「北海道には外野手がいないから、3、4年行ってこい」と言われたのだ。この転勤は、体《てい》のいい島流しのようなものだった。

「もっといい選手がいるから、もうお前はいらない」というのが会社の本音だったと思う。またもや「野球ができるなら、どこだっていいさ」と承諾したものの、やはり心の中では「本社には負けない。絶対に強くなってやる!」という気持ちもあった。

はじめて千歳空港に降り立ったのは1月の上旬、気温はマイナス11度。いまのように情報が充実している時代ではなく、北海道に関する予備知識もなかったから、この寒さには本当に驚いた。いきなり冷凍庫の中に放り込まれたような気さえした。想像を絶する寒さに「ここは人間の住むところじゃない！」と思ったものだ。当時、沖縄の両親は「優は二度と帰ってこられないだろう」と思っていたらしい。

真冬でも温暖な沖縄では、雪は降らないし、気温がマイナスになることもない。静岡でも、富士山のてっぺんに積もる雪を遠目に見るくらいだった。

雪をまともに見たのもはじめてならば、気温がマイナス十数度にもなるという、こんな寒いところに来たのもはじめてだった。

白老という町は、札幌の真下に位置する。とても冷え込みが厳しいところなのだ。沖縄育ちの私にとって、北海道の寒さは想像すらできないものだった。当初は、できることならすぐに帰りたいとばかり思っていた。

しかし、いつまでも寒いと嘆いてばかりいてもしかたがない。泣いて逃げ帰るわけにもいかない。ここでは半年間にもわたる長い冬を乗り越えないと、春はやって来ないのだ。

この寒さは決して変えられないのだから、寒さに向かっていくしかない。

「意図せずにこんな寒いところへ来てしまった。こうなったら、できるところまでとことんやってやろう」

そう思って、気持ちを切り替えた。気持ちを切り替えたら、自分がどこまでやれるか、むしろ楽しみになってきたのだ。

それからの私は、あえて薄着で練習した。モモヒキなんて絶対に履かなかった。室内練習場はあったが、素振りも外でやった。吹雪の中でランニングをした。降雪の中で雪玉をつくって打ったり、ヘッドスライディングや捕球練習をしたり……。みんなからは、「沖縄から来たくせに、あんな薄着で練習するなんて、変わったヤツだ」と言われた。

寒い寒いと家の中に閉じこもることなく、外に出て練習しつづけていたら、いつのまにか寒くなくなっていた。すっかり寒さに慣れてしまったのだ。

また、私はカメレオンのように順応性だけはあったから「住めば都」とばかりに、北海道という地にも、すぐに慣れてしまった。

こうして私は寒さや雪という逆境とすっかり友だちになった。

逆境から逃げていたら、いつまでも逆境のままなのだ。

北海道の冬は厳しく長い。たしかに大きなハンデだ。しかし、これをハンデととらえてあきらめるのか、知恵と工夫で跳ね飛ばすかで、大きな違いが出るのだと思う。

もともと北海道は、野球不毛の地であった。雪が降り積もる冬の間はまともな練習ができない。選手や監督も、それを当然のことだと考えていた。

しかし、雪が積もっているなら、どければいい。雪かきもトレーニングだと思えば楽しいし、体力がつく。まさに、一石二鳥だ。雨が降っても雪が降っても、長靴を履けば、たいていの練習はできる。

ハンデをハンデと思わなくなったとき、人は大きく成長できる。

そして、新しい自分に出会えるのだ。

当時、大昭和製紙の野球部は、本社の富士がエリート軍団で、北海道は落ちこぼれ軍団のようなものだった。だからといって、強くなれないはずはない。勝てないはずはない。そう信じて、みんな真冬でも外で練習するようになった。

練習を通じて、技術や体力はもちろん、チームの士気もどんどん上がっていった。

1973年、大昭和製紙北海道は都市対抗野球大会でベスト8まで勝ち進み、翌1974年には全国優勝を果たして、黒獅子旗がはじめて津軽海峡を越えた。北海道のチームが、いつのまにか静岡の本社よりも強くなってしまったのだ。多くの人は「なぜこんな小さな田舎のチームが強いのか」と思ったことだろう。

大昭和製紙北海道は、社会人野球チームの強豪として名を馳せた。私もたくさんの試合に出させてもらったし、思い出に残るホームランもたくさん打つことができた。

世界に旅立てば見えるもの

都市対抗で優勝した年に、私は全日本代表としてキューバ遠征に参加させてもらい、世界の野球を目にするチャンスを得ることができた。

はじめて海外に行き、日本以外の国をこの目で見ることができたのだ。やはり、見るもの聞くものすべてが、おもしろい。

ただし、食事はあまり口に合わなくて、夜食に食べるカップラーメンがごちそうだった。

ホテルでお湯をもらうために、言葉が通じなくて四苦八苦したのも、とてもいい思い出だ。

また、キューバには野球ボールの工場があり、一つひとつ丁寧にボールが手づくりされていく様子を見学したことも印象に残っている。

そして、キューバの野球は、やはりすさまじかった。

遠投すれば120メートル、100メートルを走れば10秒台という選手たちとの戦い。キューバのナショナルチームとの試合は、1勝7敗1引き分けという悲惨な結果だった。

このとき、日本の野球はまだまだ世界には通用しないのだということがよくわかった。それと同時に、日本の野球の甘さも痛感した。

しかし、このキューバ遠征での気づきは、私の野球の原点にもなっている。

キューバ打線は甘い球を待つ日本と違い、かまわず初球から振ってくる。彼らは「ストライクゾーンは家の玄関。大事な家族を守るために、侵入者は絶対に通してはならない」という気持ちでバッターボックスに立つという。玄関に入ろうとする侵入者（ボール）はすべて打ち返すということだ。

そして、打ったあとには1塁はもちろん、最初から2塁をねらう。できれば2塁まで行くのではなく、2塁に行けなかったから1塁にとどまるという姿勢なのだ。

キューバの、強くたくましく、自信に満ちあふれた野球。これを会得するためには、いまよりもさらに厳しい練習を積むしかない。私はそんな思いを胸に、キューバの地をあとにした。

離れて知る大切なこと

北海道で暮らすうちに、私は北海道という土地にすっかりなじんでいった。沖縄で生まれ育った私だが、何よりも、北海道が好きになっていた。

会社から北海道に行けといわれたときはどうなることかと思ったが、いつのまにかここに来てよかったと心から思っていた。

広大な北海道に広がる大自然の美しい風景。雪解けの春の息吹、すばらしい秋の紅葉、沖縄にはない四季の移り変わりが北海道にはあった。食べ物や酒もとてもおいしい。野球以外でも、春は山菜採り、夏はイワナ釣り、秋はキノコ採り、冬はワカサギ釣りといった、四季折々の北海道らしい楽しみにも出会うことができた。

そのあと、34歳で現役を引退したあとも、コーチ、助監督、監督としてチームに携わることができた。

ちなみに、大昭和製紙北海道の監督時代も、私は生活態度にうるさかった。

まずは服装。ユニフォームをだらしなく着るのは御法度。練習中もTシャツ姿は許さなかった。もちろん食事を残すのもダメ。何事も時間厳守。深夜の外出は禁止で消灯は23時。「廊下は音を立てずに歩く」という、小学校のような規則もあった。寮などの集団生活では、何事も他人への配慮がなければうまくいかないからだ。

1993年に大昭和製紙北海道としての活動は休部となってしまったが、地元の人たちの存続活動のおかげで、クラブチーム「ヴィガしらおい」を結成することができ、ここでも監督を務めさせていただいた。また、クラブチームでありながら、都市対抗野球に出場することもできた。

野球、仕事、遊び……。北海道ではたくさんの経験をさせてもらった。たくさんの人にも出会うことができた。

観光協会の副会長、アイヌ財団の評議員、町内会の葬儀委員長……など、さまざまな地域活動にも参加させていただいた。

そのほかに、地元の少年野球の指導をしたこともある。

自分でいうのも照れくさいが、地元の人以上に北海道に、そして白老という町になじんでいたと思う。

沖縄で生まれた私が、気がつくと身も心も北海道人になっていたのだ。

そんな北海道暮らしは、34年間も続いた。当初は「3、4年いってこい」と言われてやってきて、34年も暮らすことになったのだから、人生とは思いどおりにいかない、不思議なものだ。

北海道で結婚して家族にも恵まれ、まわりの友人たちにも恵まれた。もう決して沖縄に戻ることはないと思っていた。

そんな私に、またもや転機が訪れたのだ。

現役を退いたあとも、いくつかの企業や高校からの監督就任への要請は何度かあった。

そして母校である沖縄・興南高校からの「野球部の監督として戻ってこないか」という要

請も、たびたびあった。しかし、私はそういった話をすべて断っていた。

そんなあるとき、興南高校の比嘉良雄《ひがよしお》理事長（現・沖縄都市モノレール社長）が、わざわざ北海道まで訪ねてきてくださったのだ。

私は、とても悩んだ。

このまま北海道で仕事に専念していれば、将来は安泰だ。しかしこの話を断れば、二度と沖縄の高校野球にかかわれるチャンスはなくなるだろう。できることなら、やってみたいという気持ちが芽生えた。

また、沖縄で監督業に携わるということは、北海道を離れるということだ。

妻は北海道生まれの北海道育ち、2人の娘も道産子だ。北海道に永住するつもりで土地も買っていた。そして何より北海道での生活、人びと、白老町への深い愛着もある。

私は、妻に相談した。当然反対されるのは覚悟のうえだった。しかし、妻から返ってきたのは、予想外の言葉だったのだ。

「行ったら？」

妻は軽い調子でこう答えた。

「いいじゃない。あなたにネクタイは似合わないわよ。それに、いまの会社人間であるあなたより、お酒を飲んで野球談義に花を咲かせていたころのあなたのほうが、とっても輝いていたわよ」

そして、こうも言われた。

「私はあなたに人生で何度ダマされたかわからない。もう慣れたから、何があっても驚かないわよ」

思えば、私は妻に迷惑ばかりかけてきた。

毎日野球のことばかりに夢中で、2人の娘の参観日や運動会には、ただの一度も出たことはない。酒を飲めば若手選手を家に連れて帰り宴会をする。それ以外にも、妻にはいろいろ迷惑をかけた。

そして、ついには今回の沖縄行きだ。

単身赴任も覚悟のうえだったが、妻は生まれ育った北海道を離れて、沖縄に来てくれた。いまでは野球部の寮母として、子どもたちの栄養管理や健康管理をはじめ、心のケアもしてくれている。

本人の前ではなかなか口にできないことだが、何があっても、どんなときにも、文句ひとつ言わずについてきてくれたのだから、妻にはいくら感謝をしても足りない。

私は妻の言葉を聞いて、沖縄へいくことを決意した。

私の信念「ディスポート」精神

2007年、こうして私は母校である興南高校野球部の監督として、沖縄に戻ってきた。18歳で沖縄を離れてから、実に38年がたっていた。

振り返ると、私の人生は、思惑どおりにいかないことばかりだった。

しかし、思惑どおりにいかないからこそ、人生なのだとも思う。

そして、思惑どおりにいかなかった場所で「幸福の種」を見つけることが、人間の強さなのかもしれない。

私は人生で出会ったすべての人たち、訪れたすべての土地に感謝している。

玉城の両親の元を離れて、那覇に養子に出されたとき。

はじめて沖縄を離れて、甲子園に行ったとき。

社会人野球の選手として、静岡に行ったとき。

転勤で厳寒の北海道へ行ったとき。

全日本代表として、キューバに行ったとき。

……そして私は北海道を離れ、再び沖縄にやって来た。


元の場所から離れ、旅立ってこそ、はじめてわかることがある。

新しい場所で生まれ変わり、新しい自分と出会うことができる。

新しい自分に出会い、経験を重ねていくことで、人は成長することができるのだ。

このことを私は、「スポーツ（sport）」の語源でもある「ディスポート（disport）」精神と呼んでいる。

「ディス」は離れる、「ポート」は港。

つまり、ひとつの場所にとどまり、同じ環境で同じものばかり見ていないで、チャンスがあれば船を出港させよう、港を離れるたびに新しいことに出会い、経験を積んで生まれ変わろう、ということだ。

新しい自分に出会うことで、人は成長してゆく。

人生は、死ぬまで終わらない旅をしているようなものだ。

旅の途中で、どんな環境に身を置くことになっても、その土地やその状況に順応し、よりよく生きる知恵を自ら編み出してゆく。

いくつになっても、過去は大切にしながら執着はせず、新しいものにチャレンジし続ける。

この「ディスポート」精神こそが、人生を切りひらくヒントになるのだと思う。

人は毎日同じことの繰り返しでは、囲いの中につながれた動物のようになってしまう。

最初は逃げようとするけれど、そのうちつながれているほうがラクになり、そこで満足してしまうのだ。

だから指導する側も、される側も、常にディスポート精神を持ってほしい。

ディスポートには、さまざまな方法がある。
新しい仕事をはじめる。
新しいことを学ぶ。行ったことのない場所に行く。
すぐれた音楽や絵画などの芸術に触れる。
新しい人に出会う。
スポーツをする。
スポーツを見る。
そして、新しい自分を発見する。
それこそが、真のスポーツ精神なのだと思う。

第3章　何事も信念をもって取り組む　魂《こん》

世の中は嫌なことばかりだと思えばラクになる

世の中なんて、基本的には嫌なこと、つらいこと、苦しいことばかりで構成されている。そういうものなのだ。

食べ物、勉強、スポーツ、学校、先生、習い事、受験、就職、会社、人間関係……。誰だって、好きなものもあれば、嫌いなものもある。

しかし人間というものは、そういう嫌いなことと好きなことの間を、行ったり来たりしながら成長していくものだ。

その証拠に、子どものころはわがままや好き嫌いが多くても、大人になればだんだん少なくなる。我慢や忍耐を覚えるし、さまざまなことに対して抵抗力がついてくるからだ。

それに、大人になるにしたがって、嫌なことから逃げてばかりいられない状況が出てくる。義務教育で好きな科目の授業だけ受けるわけにはいかないし、会社であの仕事は嫌だからこの仕事だけするなんて、言っていられない。

大人になれば、自然と嫌いなことは減っていくはずなのだ。つまり、いつまでも、嫌なこと、苦手なことから逃げようとしているのは、子どもだということだ。

しかし現代は、子どもが大人になれない環境が増えている。

寒いから暖房で守る。暑いから冷房で守るといった具合だ。通学用のバスや教室も、冷暖房完備。だからいつまでたっても、寒さや暑さと友だちになれない。エアコンが友だちの「保温子」ばかりが育ってしまう。

嫌なもの、不快なものは「敵」であり、いつもそばにその「敵」がいる状態で暮らしているということだ。

言い訳は魂をかたくなにするギブス

北海道時代、室内練習をしている野球部を見ながら、私は「なぜ外で練習しないんだろう」と思っていた。

厳寒の中、屋外でトレーニングをする沖縄育ちの私に、みんなは「寒いだろう。大丈夫か？」と言葉をかけてくれた。

私は「寒くないです。大丈夫です」と、やせ我慢をしながらつづけていた。

「こんな雪の中、外で練習するなんて変わったヤツだ」などと言われたこともある。

高校野球にしても、冬は室内トレーニングに移動して、指導者は暖かいストーブの前で見守っている状態。冬の半年間は、動物が冬眠しているのと同じ。それを見て私は「このままじゃ一生かかっても北海道は強くならない」と思ったものだ。


たしかに北海道の野球には、雪が多く冬が長いというハンデがある。

しかし、なぜこのハンデをずっとそのままにしておくのだろうか。

寒さに慣れてはいるが、決して乗り越えようとしていないのだ。

だから、寒さが「敵」のままなのだ。

北海道の野球は、長い間こうだった。たとえ甲子園に出場して初戦敗退しても、「出場できてよかったじゃないか」と言われて自己満足している。「寒いから」「雪があるから」と言い訳をする。沖縄の野球が「梅雨が長いから」「暑いから」と言い訳するのと同じだ。

そういうチームにかぎって、春に負けると「僕たちにはまだ夏がある」などと甘いことを言う。現状を変えようともしていないのに、将来に結果が出せるはずがない。

そのほかにも「お金がないから」「強い選手がいないから」「いい設備がないから」……。言い訳の呪縛にとらわれているうちは、いつまでたっても強くなれない。

前にも書いたが、1974年、大昭和製紙北海道は都市対抗野球で優勝した。人口2万4000人の白老という小さな町のチームが、日本有数の大企業のチームを倒して優勝できた理由はなんだったのか。

それは、寒さや雪というマイナスの環境があったからこそだ。

マイナスをプラスに変えたことで、大きなパワーが生まれたのだ。

まさに勝つための要素が、雪の中に埋もれていたのである。

非常識な努力はかならず結果をもたらす

北海道でクラブチームの監督をしていた1998年の秋ごろ、駒大苫小牧高校野球部の監督を務めていた香田《こうだ》誉士史《よしふみ》氏が、私を訪ねてきた。

佐賀商業高校から駒沢大学に進学したあと、コーチとして北海道にやってきた彼は、これまで思うような結果が出せないでいた。

「冬が長くてまともな練習もできない。こんな環境の北海道で、なぜあんなに規模の小さいチーム（大昭和製紙北海道）が全国優勝できたのか、そしてトップクラスの勝率をキープできていたのか、その秘密が知りたい」と言う。

冬の長い北海道で外で野球ができるのは、4月から10月までの約半年間。残りの半年は室内練習というのが当時の常識だった。

「半年もの長い冬の間、屋内にこもっているからだ。冬眠しているつもりなのか？　冬だって外で練習すればいいじゃないか」と言うと、彼は「雪があるからできません」とこたえる。

「雪がじゃまなら、みんなで雪かきをしてどければいいじゃないか」と言うと、彼は「でも、寒いですよ」とこたえる。

「大丈夫、大丈夫。スキー場では女性だって子どもだってお年寄りだって、元気によろこんで運動してるじゃないか。なぜ大の男たちが寒い、寒いって、部屋の中に閉じこもっているんだ。そんなのおかしいよ」

こんなやりとりをした。

雪の中での練習も、雨の中での練習も、前例のないことをやろうとすれば、最初のうちはかならず反対されるものだ。しかし、改革をしようとするなら、これまでの常識をすべて取っ払わなければならない。抵抗勢力に打ち勝たなければならない。

絶対に不可能なことなど何ひとつない。できるかできないかは、すべて心が決める。

そして、いつのまにか非常識が常識になるのだ。

それ以来、私は時おり駒大苫小牧高校の練習を見に行っては、香田監督に助言をした。厳しいことや細かいことを、いろいろ言ったと思う。でも、彼には心意気があった。真摯に私に向かってきてくれた。また、九州で生まれ育った彼が、北海道という土地柄を客観的に見ることができたのも、結果的によかった。

駒大苫小牧高校は、明らかに変わっていった。

雪が積もれば、みんなで除雪する。

外野手には長靴を履かせて、雪上でもノックをする……。

寒さを避ける練習法から、寒さを活かす練習法に変え、彼らはどんどん力をつけて強くなっていった。

そして、2004年の夏の甲子園で、とうとう北海道勢初の優勝を果たした。それだけではない。翌年の2005年大会も優勝を果たし、夏の甲子園2連覇を達成したのだ。

これは、私もうれしかった。当時の駒大苫小牧には、現在楽天イーグルスで活躍しているマー君（田中将大《たなかまさひろ》選手）もいた。彼もまた、頭がよくハートもすばらしい選手だった。そして、気持ちよくあいさつのできる選手だった。

いまでも、私の顔を見たら「あのうるさい監督がきた」と逃げ出すかもしれないが。

マイナス要素こそ大きな力となる

北海道のマイナス十数度の世界でトレーニングをするということは、どういうことか。

雪の中をランニングすると、汗が凍ってツララ状になる。靴ひもが凍って、なかなか解けない。手先や足先は、次第に感覚がなくなる。

厳寒の中でのトレーニングは、慣れない者にとっては本当にきつくてつらい。

しかし、そうやって厳しい冬を乗り越えるからこそ、春がやってくる。

新芽が出るころになると、凍っていた湖も溶けだして、水面がきらきらと輝きだす。真っ白だった山々が一面の緑に変わる。フキノトウやクローバー、小動物なども顔を出す。冬の間は雪に覆われていた北海道だが、その下にはたしかに、たくさんの命の輝きがあることを知った。

雪の中にこそ、本当の生命力がある。あの厳しい冬があるからこそ、春の躍動を感じられるのだ。

それと同時に、厳しい冬に耐える北海道の人の粘り強さも学んだ。

沖縄や静岡で暮らしていたら、決して気づかなかったことだ。

厳寒の中で練習をしたおかげで、雪と友だちになることができたのだ。

肺活量を鍛えるために、低気圧、低酸素の高山で練習をするというトレーニングがある。あえて逆境に身を置いて、体を強くするという方法だ。

逆境を乗り越え、ハンデがハンデではなくなったとき、人は成長できる。

それだけではない。逆境を味方にすれば、とてつもなく大きな力が生まれるのだ。

信念は環境の悪さに負けない

興南高校の野球部は「日本一、環境の悪いグラウンドで練習する甲子園出場チーム」の一つだ。

グラウンドは狭いし、部室もオンボロ。特別な機器があるわけでもない。もちろん室内練習場なんてない。特に私がきたばかりのころは、赤土のグラウンドで周囲は一面草むら。とてもまともに野球ができる状態ではなかった。

しかし、環境が悪いからまともな練習ができない、成果があがらないということはない。勝てない理由を環境のせいにするのは、塾にいけないから勉強ができないとか、会社が雇ってくれないから毎日遊んで暮らすというようなものだ。塾に行かなくても独学で勉強することはできるし、雇ってもらえなくても、何かしら人の役に立つことはできる。

立派なグラウンドがなくても、野球はできる。いや、グラウンドそのものがなくても、野球はできる。

ボールを捕って投げる練習は、10メートルの守備範囲。ベースランニングだって、ベース間の27・431メートルがあればできる。バットを振るには、バッターボックスの広さがあればいい。

グラウンドがないとできないのは、試合くらいのものだ。

知恵を絞って創意工夫すれば、グラウンドがなくても、極端な話、バットやグローブ、ボールなどの道具がなくても、野球はできる。ひとりでもできるし、野球部に入らなくてもできる。

要するに「野球がやりたい」という強い気持ちさえあれば、野球はできるのだ。決して立派なグラウンドがあるから、野球がうまくなるわけではない。

逆境を友人にすれば宝となる

興南高校の野球部は、もちろん雨の中でも練習する。

雨が降っても長靴を履けば練習できる。だから部室には、全員分の長靴が用意されている。雨の日用に、古くなったボールに防水のためのビニールテープを巻いたものを、200個用意している。

雨の日に練習したら、グラウンドがダメになってしまうと言う人がいる。それなら次の日にグラウンドを整備すればいい。ただそれだけのことだ。

大人だって、雨が降っても風が吹いても、カッパを着て喜々としてゴルフに出かける。しかも、高い料金を払ってだ。私も北海道時代にゴルフをしたが、土砂降りのときほど必死でプレーした。雨の日はプレーにすきができるから、真剣にやればほかの人よりスコアがよくなって、勝てるからだ。

梅雨の長い沖縄では、「梅雨の時期は外で練習しない」というチームも多い。これをハンデととらえるか、チャンスととらえるかで、大きく変わる。

ほかのチームが休んでいる梅雨の時期に練習すれば、大きなアドバンテージになる。だからこそ、私は雨が降ったら「今日はラッキーだ、ほかのチームが休んでいる間に練習できる」と考える。

雨が降るから、強くなれる。
雪が積もるから、強くなれる。

夏の甲子園のグラウンドというのは、ものすごく暑い。気温が30度くらいなら、グラウンドは40度くらいになる。だからいつもの調子でグラウンドに出れば、滝のように汗が出るし、熱中症にもなりやすくなる。しかし、この暑さに負けるようでは甲子園で勝つことなどできない。

興南高校野球部では、冬はバケツに入れた氷水の中に手を突っ込み、かじかんだ手でトレーニングをした。夏の暑い日には、あえてカッパを着てノックをした。エースの島袋《しまぶくろ》洋奨《ようすけ》は、真夏にカッパを着たまま投球練習をした。私が「死ぬ寸前でやめておけよ」と言ったくらいだ。

その結果、甲子園での島袋は、ひとり涼しい顔で暑いマウンドに立っていた。日々厳しいトレーニングに耐えた彼にとっては、酷暑の甲子園も快適に感じたことだろう。

ハンデや逆境は、知恵を絞り工夫をこらせば、かならず変わる。

「こうすればできるかもしれない」「次はあの方法を試してみよう」という知恵を生み出すチャンスでもある。

嫌なことから逃げてばかりいたら、いつまでも逆境のままだ。

しかし、味方にすればこれ以上の宝はない。

「逆境を友人にすれば、最後には宝になる」ということだ。


また、野球以外でもそうだ。

誰だって、嫌いな人より好きな人と一緒にいたい。つらい仕事よりラクな仕事がしたい。

そしてそのうちに、嫌なものを避け、嫌いなものの存在を否定するようになる。

しかし、どんな人にも、どんなものにも美点や利点がある。「いいところを見つけてやろう」という気持ちで近づいてみれば、かならず見いだせる。そしていつか、大嫌いだった人や仕事こそが、生涯の宝となるのだ。

それなのに、世の中には大事な宝を簡単に捨ててしまう人がたくさんいる。

ああ、もったいない。

何事にもつらいことや嫌なことがある

嫌なこと、つらいこと、苦しいことがなければ、どんなに豊かで恵まれた生活も、あたり前になってしまう。そのありがたみに、気づくことができない。

いまの時代、体の芯から水を飲みたいと思ったことのある人がどれだけいるだろう。私が高校生のころ、部活の練習では水を飲むことは一切禁止されていた。

現在では熱中症予防のため、こまめな水分補給が必要とされている。しかし、スポ根全盛期の当時は「水を飲むとよけいバテる」というのが常識で、野球部にかぎらず練習中は一切の水分をとらないことが、運動部の戒律のようなものだった。

炎天下の練習で、水を飲めないのは本当に苦しかった。

あまりに喉が渇くので、球拾いをしている最中に、ボールが草むらに入ったときだけ、すすきの茎をすすってわずかな水分をとった。

そんなある日、雨が降ったあとグラウンドのそばに、小さな川がチョロチョロと流れていた。私は「いいものを見つけた！」と飲んだ。ごくごく飲んだ。すると先輩が「我喜屋、上を見てこい」と言う。言われたとおり見に行ってみると、なんとそこには豚小屋があった。肥溜めからあふれてきた水を飲んでしまったのだ。生来の雑食のおかげか、腹を壊すことはなかったが、そのくらい水が飲みたかった。

しかし、あのころの練習を終えたあとに飲む水のおいしさは、言葉には表現できないほどだった。

私の子ども時代は、とても貧しかった。生活そのものが修行のようなものだった。だからこそ、嫌なことに立ち向かう精神力が身についたし、どんなつらいことでも、慣れてしまえば平気になるという強さも身につけた。

つらいことや嫌なこと、苦しいことを乗り越えて手にするものこそ、本当の幸せなのだと思う。

つらければつらいほど、苦しければ苦しいほど、乗り越えた先にはきっと大きな幸せが待っている。

つらいことや苦しいことは「幸せの源」なのだ。

冷静さが魂を支える

２０１０年、興南高校野球部の選手たちは、試合中にガッツポーズをしないことが話題になった。

これは相手チームへの配慮という意味もあるが、喜怒哀楽をできるだけ表に出さず、常に冷静であれということだ。よろこびも悔しさも、できるだけ表に出さず、心の中にとどめておけば、自然と心のコントロールができるようになる。

ヒットを打って、大きくガッツポーズをして歓喜の表現をすれば、かならずその瞬間に見落としが出る。心にすきが生まれる。

自分では気づかなくても、心のコントロールを失ってしまうのだ。また、大げさなガッツポーズをするようなチームは、ピンチになったときの落ち込みかたも激しい。

特に甲子園のような大舞台では、技術力よりも精神力がものをいう。

1回でも負ければそこで終わりという厳しい世界。強いチームほどプレッシャーもある。そして、その舞台に立つのはプロ野球選手などとは違う、経験の浅い10代の少年たちだ。ちょっとしたことで動揺するし、すぐに平静さを失ってしまう。

ならば、彼らが心をコントロールすることを覚えれば、これほど強いものはない。ヒットを打ってガッツポーズをしないからこそ、ピンチのときにも常に冷静でいられるのだ。

強いチームになるためには、日常生活から何事にも冷静に、集中して行動する習慣をつけることだ。どんなに小さなことでも、一つひとつ大切に取り組むことだ。

十分な練習を積んでいれば、試合中に不安になることもない。

5万人もの大観衆に見つめられる中、甲子園でエースの島袋が見せたマウンドでの度胸と冷静さは、彼の強い精神力、そして仲間への厚い信頼によるものだ。また、彼らが甲子園という大舞台でもぶれない精神力を身につけたのは、日頃のたゆまぬ努力の結果なのだ。

よく「甲子園には魔物がいる」と言われるが、そんなものはどこにもいない。いるとしたら、己の心の中にいる。心がコントロールできないから、魔物があらわれて自分自身が喰われてしまうのだ。

「甲子園の魔物」といえば、こんなエピソードがある。

伊禮伸也《いれいしんや》という、心の切り替えがうまい選手がいた。彼は副キャプテンで、チーム内のムードメーカー的存在だった。

甲子園で、外野手の彼が捕球エラーをした。甲子園では、浜風がヒューッと吹いてくることがある。風でボールの方向が読めなかったのだ。

普通なら甲子園で痛恨のエラーをして落ち込むところだ。エラーのあとは調子を崩す選手も多いし、チームの士気も下がりかねない。

しかし彼は、こう言った。

「甲子園には魔物はいなかったけど、幽霊がいたみたいです！」

空中でイレギュラーバウンドが起こるはずはないのだが、風向きによる補球ミスを、彼はジョークで跳ねのけた。エラーをしたにもかかわらず、彼の前向きなひと言で、チームの雰囲気が好転したほどだ。

自分の「考え」と「行動」で生きるよろこび

私は「日本一、試合中に伝令を送らない監督」と、言われている。

事実、甲子園ではほとんど伝令を送らなかった。

日頃の練習の中で、伝えるべきことはすべて伝えてきた。やるべきことはすべてやったという自負が私にも選手たちにもあるから、よほどのことがなければ伝令など送る必要がないのだ。

試合というのは、これまでやってきたことが通用するかしないか、それが試される場だ。甲子園まで来て、いちいち試合中に伝令を送るようでは遅すぎることが多い。それに、試合中に細かくああしろこうしろというのは、選手たちの気持ちを無視して駒を動かすようなものだ。

練習というのは、本番のためにある。

普段から本番を意識して練習を積んできたのだから、ピンチになっても選手たちは何をすべきかわかっている。大事な試合だからこそ、一人ひとりが自分で考えて、自分で行動できることが理想だ。

タイムをとるのはむしろ、練習中のグラウンドの中。練習中に致命的なミスが起こったら、私は全部員をすぐに集めて伝える。

こういうとき、通常であれば当事者以外の選手は「あいつが怒られている」「自分でなくてよかった」と他人事のように眺めている。

しかし、私は当事者だけでなく、そのほかすべての部員たちに、共通認識を植えつけているのだ。

私は彼らに基本的な指示は出すが、そこから先は自分で考えてほしいと思っている。どんなことでも、他人から言われるだけでは身につかない。自分で考えて動かなければ、決して実感できないのだ。言われたことを守ることも必要だが、言われたことを自分なりに考え、行動することが何よりも大切なのだ。

いまでは、何か問題が起これば彼らは練習途中にタイムをとって、自主的に話し合う。だから試合中に監督の伝令は必要ない。グラウンドでは選手一人ひとりが、そのつど自分で考え、行動することができる。それは、全員が監督になれるということを意味している。

嫌なものほど信念で味わえ

私が興南高校野球部の監督として沖縄にきた当時、部員たちの食事の食べ残しや、好き嫌いがとても多かったことは、前にも書いた。高校生にもなるというのに、玉ねぎやピーマンが食べられないだの、ゴーヤーが食べられないだのと言う。偏食もひどかった。

私は、好き嫌いは絶対に許さない。

アレルギーなどの特別な場合をのぞいて、なんでも食べる、出されたものは残さずいただくというのは、しつけの基本だ。

しかし、彼らの好き嫌いをなくすのは、そう簡単ではなかった。

泣きながら食事をする子もいたし、食後にトイレで吐く子もいた。全員が食事を完食できるようになるまで、3ヵ月くらいかかった。

バランスよく食べることは、大切なトレーニングのひとつだ。

ごはんを食べて力をつけ、肉を食べて体をつくり、にんじんからビタミンAをとり、ほうれん草から鉄分をとり……という具合に、献立の食べ物一つひとつには、ちゃんと意味がある。好きなものだけ食べていては、本当の力をつけることはできない。

人生は、セットメニューのようなものだ。

好きなことだけをやっていたら、バランスの悪い人間になってしまう。

いろいろなものを食べ、消化していかないと身にならない。

野球のトレーニングも同じだ。

好きなバッティング練習ばかりして、嫌いな守備練習はしない、ウエイトトレーニングはやるけど、ランニングはやらない、そんな選手は成長することはできない。

それに、好き嫌いなんて言っていたら、いつまでたっても子どものままだ。セットメニューを頼んで、嫌いなものを食べ残すことの恥ずかしさに気づかない人と同じなのだ。

食べ物の好き嫌いが克服できずに大人になれば、嫌なことからも逃げ続ける大人になってしまう。

私はいつも、生徒たちにこう話している。

「嫌なものほど噛みしめて味わえ。噛んでいるうちに、だんだん甘くなる。それが自分の力になる」

噛みしめて、味わっているうちに、米はこんな味がするのか、野菜はこんな味がするのかと、気づけるようになる。五感が鈍っていたままでは、ただ食欲を満たすために食べることになってしまう。

ただ食べるのではなく、嚙みしめて味わう。
ただ見るのではなく、見つめる。
ただ聞くのではなく、耳をすませる。

こうして五感を働かせれば、同じものを見ても、同じものを聞いても、同じものを食べても、まったく違うことが感じられる。

野球というのは、味わうスポーツだ。表と裏、守備と攻撃に分かれ、投げる、打つ、走る、捕る。瞬発力もいれば、観察力もいる。それに心理的な駆け引きもある。とても奥が深いスポーツなのだ。

日頃の食事を味わえなければ、野球を味わうこともできない。

苦いゴーヤーも、何度も嚙みしめているうちに甘くなる。嫌いだった友人も、何度も話しかけるうちに好きになってくる。

いまでは、野球部員に好き嫌いを言う者はいない。2010年の甲子園春夏連覇のいちばんの理由は、食事を残さないことだったのかもしれないと思うほどである。

ささいな行いに信念を込めているか

興南高校野球部の部員たちが食事をすると、食べ終わるころにはそれぞれのお皿が空っぽになる。１３０人中、ひとりも食べ物を残す者はいないから、残り物で汚れたお皿は出ない。

たとえば、遠征などでホテルに宿泊したとき。キャプテンが「気をつけ、ごちそうさまでした！」と言ったときには、テーブルごとに茶碗、皿、お椀など、同じ食器が重ねられている。捨てるものがあれば、片づけやすいようにひとつの容器に集める。それらを自分たちで洗い場まで運ぶ。テーブルが汚れていれば布巾を貸してもらい、ちゃんと自分たちできれいにする。

きれいに残さず食べることとは、つくってくれた人へ感謝の気持ちをあらわすことだ。そして、洗いやすいように食器を重ねて洗い場に持って行くのは、食器を洗ってくれる人へ感謝の気持ちをあらわすことだ。

食べた食器をそのままにしたら、従業員の人たちが片づけるのに、30分かかる。自分たちでささっとやってしまえば、1分ですむ。この29分の違いは、とても大きなことだ。

また、食事中や片づけるとき、カチャカチャと茶碗の音を立てることも許されない。音を立てないことは、集中力を鍛える訓練にもなるし、まわりの人への配慮でもある。

あるホテルの支配人が「うちの社員でもあんなことはできない」と驚いていた。配膳するときは気をつけても、片づけるときは、どうしても音を立ててうるさくなってしまうそうだ。

もちろん、座るときの椅子の出し入れも音を立ててはいけない。片手で引きずるから、うるさい音を立ててほかの人に不快感を与える。横着をせずに両手を使えば、音なんてほとんど立たない。

日頃の生活すべてが修行なのだ。

食べることも修行だし、食器を片づけることも修行。どんなに小さなこともおろそかにせず、集中して真摯に取り組む。そして常に、相手の立場に立って物事を考える習慣をつける。

たとえば、うちの選手は開会式や閉会式などの場では決して動かない。

彼らには「蜂が鼻の頭に止まっても絶対に動くな」と常に言っている。儀式には私情はいれるべきではない。儀式の場で、あいさつしている人、準備をしてくれた人、見ている人、ほかの出席者に失礼があってはいけないからだ。

相手の立場に立つというのは、そういうことなのだ。

興南高校が甲子園で優勝できたのは、技術が勝っていたからでも、体力が優れていたからでもない。こういった小さなことに、チーム一丸となって取り組んできたからなのだ。

監督のいちばん大切な仕事は、「準備」することだと私は考えている。つまり、チームを最高のプレーができる状態に仕上げ、「勝つ確率を上げる」ことだ。

何をするにも、準備は非常に大切だ。日々の練習は試合への準備だ。だからこそ、常に真剣に取り組み、地道に継続することが大切なのだ。

私は食事のマナーはもちろん、掃除や整理整頓にも非常にうるさい。

身のまわりをきれいにしておくことは、人間としての基本中の基本だ。そして、掃除や整理整頓というのは、次への「準備」をしておくことなのだ。

考えてみてほしい。

部屋の掃除はグラウンド整備と同じだ。

整備されていないグラウンドでは練習ができないように、部屋が汚ければなかなか次の行動にうつることができない。さらに、汚れた場所では気分が晴れないし、散らかったデスクでは集中力も生まれない。

よく、大きな試合や大事な会議といった場に出ると、プレッシャーで緊張してしまうという人がいる。しかし私に言わせれば、それは単なる準備不足でしかない。

大きな試合に出るからといって、大きな精神力などいらない。どんな大舞台であっても、一つひとつのプレーを見れば、「投げる」「打つ」「走る」「捕る」といった、いつもと同じことだ。必要なのは、いつもの練習と同じように、小さな精神力を積み重ねることだ。観衆が何万人いても、たったひとりでも同じなのだ。

どんな大舞台であっても、普段から準備の積み重ねをしている者なら、どんな場でも落ち着いていられる。準備が足りなかった者は、無意識に「自分は準備不足だ」「やれることすべてをやっていない」とわかっているから、不安になって緊張してしまうのだ。

小さなことをきちんとやっていれば、何が起きても動揺しないですむ。

事前の準備をきちんとしていれば、舞台の大きさなど関係ない。プレッシャーの大きさは、その人の心が決めるのだ。

自分で万全な準備をしていると確信できれば、どんなときにも緊張することはないはずだ。2010年の甲子園での島袋が、まさしくそれを体現していた。

もうひとつ、準備で大切なのは、イメージトレーニングだ。

眠る前に目を閉じて、次の日のことをイメージしてみよう。

甲子園のバッターボックスで、ホームランを打つ自分。運動会の徒競走で、最初にゴールする自分。大切な会議で、なめらかにプレゼンしている自分……。

そうすると、不思議なもので本番でもイメージと同じように体が動くのだ。脳が現実とイメージを区別できず、錯覚してしまうからだろう。

目をつぶって映像をつくる。つまり想像することは、人間の大きな能力のひとつだ。どんな局面でも、そうしてみてほしい。

そうすれば、安いウイスキーでも銀座で高級酒を飲んでいるのと、同じ気分に浸れるかもしれない。

人のあるべき姿には「道」がある

日本における野球というのは、社会的な文化でもある。明治時代に野球というスポーツがアメリカから伝わって以来、140年もの間、根強い人気を誇っている。高校野球も、100年近い歴史がある。

野球というのは、それほど日本人の心に響く文化なのだ。

もともと日本では、柔道、剣道、合気道などというように、スポーツを「道」としてとらえる。そして、野球道という言葉もよく耳にする。

武士道や騎士道というように、「道」という言葉は志や人生観をあらわしている。つまり、日本人はスポーツを己の人生になぞらえているのだ。

アメリカでは「プレー」、つまり楽しむことを優先するが、日本は「道」なのだ。剣を通して人生を学ぶように、野球を通して強い心と体を育て、人生を学ぼうという姿勢を持っている。それが日本人の勤勉さ、礼儀正しさ、堅実さ、実直さにあらわれている。

日本の高校における野球部というのは、サッカー部やバスケット部とは明らかに異質だ。

基本的に頭は丸刈りで、あいさつなどの礼儀やマナーを重んじる。ユニフォームも白を基調にしたものが多い。

これは、野球道という修行の精神のあらわれだ。

古い考え方だと思う人もいるだろう。

しかし、高校球児が長髪や茶髪で、派手なユニフォームに身を包んでいたとしたら、こんなに大衆の心を引きつけることはなかったように思う。

真摯な心が、身なりや態度にあらわれているからこそ、多くの人の心を引きつけるのだ。

野球というのは、人生や世の中の縮図だと私は思う。

野球のルールブックはとても厚く、２５０ページ以上ある。

野球のルールを覚えることは、法律を覚えることに似ている。

グラウンドに関するルール、守りに関するルール、打撃に関するルールなど、さまざまなものがある。ルールを遵守《じゅんしゅ》するために、審判がいる。試合を見守る観衆がいる。

私が人一倍生活態度に厳しいのは、そういう意味もある。

日々の生活に関する簡単なルールさえ覚えられない者に、野球のルールを覚えられるはずがない。そして世の中のルールを覚えられるはずがない。

ルールを守ることが野球なら、それを守ることの大切さも生徒に教えなければならない。


野球というのは、間一髪を争うスポーツだ。

その証拠に、生き死ににまつわる言葉がよく使われる。

野球用語で「殺」や「死」はアウトを意味し、アウトをとることを「殺す」「刺す」などと表現する。アウトの数を、無死、一死、二死、三死とあらわし、二死満塁などという。

また、ダブルプレーは併殺、トリプルプレーは三重殺、フォースアウトは封殺という。

まるで生死を争うかのごとく、1球や1点に対する執着心を持つ。

これは人生におけるどんな局面でも、真剣勝負で臨む精神を育てることになる。


また、伸びる子と伸びない子の違いは、どこにあるのだろうか。

野球の場合であれば、技術的な素質ももちろんある。

ないとは言わない。

しかし、伸びる子と伸びない子の決定的な違いは、「心」にある。

そして「心」は行動や態度、立ち居振る舞いにあらわれる。

伸びない子は「僕はダメなヤツです。試合に使わないでください、ミスをしますから」と全身でアピールしている。

そういう子は、ウォーミングアップひとつ見ても、どこかしら手抜きをしているし、練習中にも覇気がない。

逆に、小さなことにも決して手を抜かず、真摯に取り組む子は、かならず伸びる。

たとえ高校野球という場で結果が出なかったとしても、長い人生のステージでかならず伸びる。

朝の散歩は社会人野球の監督をしていたころからはじめたトレーニングだが、同じ15分間の散歩でも、人によって大きな差が出る。

懸命に何かを吸収しようとしている者と、なんとなくやっている者は明らかに違う。

実際、小さなことをおろそかにする者、人の見ていないところで手抜きをする者は、試合などでも大きな失敗する。

人の嫌がることを率先してやる。

どんな小さなことでも、手を抜かない
嫌なことやつらいことから逃げない。

そういった「心」をまっすぐ育ててやれば、社会に出てからも上司の要求に素直に応えるし、部下や同僚のちょっとした悩みにもすぐに気がつく。

小さなことに気づけるから、ミスもしないし、いいアイデアが出せる。

1分間スピーチをさせるのも、小さなことに気づこうとする心を育ててほしいからだ。

小さなことに気づいて、自分の行動に結びつけていければ、少しずつかもしれないが、確実に成長できる。


どんなことでも、最終的にはその人の「心」が決めるのだ。

第4章　たくさんの知恵や知識を身につける　知《ち》

「専門バカ」はもういらない

私は常々、高校の野球部で、「野球バカ」をつくってはいけないと考えている。

これは、私が興南高校の監督に就任してから貫いている信条である。

強豪校の選手ともなれば、スカウトから声がかかることもあるし、場合によってはプロ入りなども意識する。

したがって、いい選手ほど野球漬けの高校生活を送ることになりがちだ。

しかし、誰もがイチローや松井になれるわけではない。

私はこれまで、野球一筋で生きてきたはいいが、野球をとったら何も残らない、野球はうまかったのに、社会ではまったく通用しなかったという若者をたくさん見てきた。

だから私は、「野球バカ」だけは育てたくないのだ。

「野球バカ」ではなく、「社会に役立つ人材」を育成しなければいけないと考えている。


私はもともと企業人だ。

だからこそ、大切な子どもたちを預かり、教育をまかされた以上、きれいにみがいて、かならず付加価値をつけて次のステージへ送り出したい。

つまり、社会に出たときに役に立つ人物だ。

たとえは悪いが、高い値段で買ってもらえるような人間である。

学校というのは、そういう場所だと思っている。

これは、単に成績ばかりを伸ばすということではない。


自分より他人のために働けること。

小さなことでも真摯に取り組むこと。

素直に人の話を聞けること。

リーダーシップをとれること。


つまり「心」を育てることが大切なのだ。

企業が「いい人を採用したな。この人に、ずっとこの会社で働いてほしいな」と思うのは、決して頭脳明晰な人ではない。多くの場合、数字ではあらわしにくい心についての評価が高い人なのだ。

これは実際に自分が社会に出て、企業人として仕事をして、さまざまな人たちと関わってきたからこそ言えることだ。

学校のテストは、○か×かで評価される。結果が数字や順位としてあらわれる。ときにはそれも必要だろう。

しかし世の中というものは、それだけではないのだ。△も□もあるし、理不尽なこともたくさんある。だからこそ、さまざまなことに対応できる力を身につけなければならないのだ。

授業や部活動という場は、勉強やスポーツだけを教える場ではない。常に人間形成の場であらねばならないというのが私の考え方だ。国語を通して、英語を通して、数学を通して、その先の未来を意識しながら、さまざまなことを学び取ってほしいのだ。

知恵で誰よりも早く大人になる

「普通の高校生より、早めに大人になってもらう」

これは、私の教育方針のひとつだ。

私が指導する生徒たちには、社会で生きていく力を身につけてほしい。進学するにせよ、就職するにせよ、生徒たちには高校3年間で、その先のステージへの準備をしてほしいと思っている。

私は生活態度やしつけについて、とてもうるさい指導者だ。

それは子ども時代の殻を破って、大人になるための訓練だからだ。だからこそ、生徒たちにはいつも、世の中と自分たちがしていることを結びつけながら話している。

好き嫌いをなくすのは、嫌なことから逃げない大人になるため。

残さず食べて食器を片づけるのは、相手の気持ちを考えられる大人になるため。

身なりを整えるのは、相手に不快な思いをさせない大人になるため。

学校と会社は、まったく違うところだ。

学校ならば遅刻をしても宿題を忘れても、怒られるだけですむかもしれないが、会社なら遅刻や約束を破るのは御法度だ。

お客さまに頭を下げるタイミングを間違えただけで、取引停止になることもある。

自分の経験でいえば、社会人野球の監督というのは、結果も出せずに2年も3年も、のんびりやらせてもらえるものではない。

私は10年以上、社会人野球の監督を務めてきたが、常に辞表を胸に抱いて試合に臨む覚悟だった。

野球も社会も同じだ。

ほんの少しの油断が勝敗を分ける大きなエラーにつながることもあるし、ほんの少しの慢心が会社を倒産させてしまうこともある。

人より早く大人になっておけば、これほど心強いことはない。

人より早く自分の足で立って、前進し、未来を切りひらくことができるのだから。

恥ずかしくない人になるには

大人と子どもの違いを問われることがある。

一般的には「20歳をすぎたら成人」だと一応の線引きがされているが、大人の中にも子どもはいるし、子どもの中にも大人はいる。

30年も40年も生きて外見的には大人なのに、中身は子どもという人は意外に多い。逆に20年足らずしか生きていないのに、中身は大人という子どもだっている。

大人と子どもの境界線は、年齢ではない。

では、大人というのはどういう人のことを指すのか。

「計画→行動→反省→目安」

この4つのことができる人を、私は大人と呼んでいる。

・計画……まずやるべきことを自分で考える。
・行動……計画を実行に移し継続する。
・反省……「あれで本当によかったのか」と自分の行動を省《かえり》みる。
・目安……「次はこうしよう」と考え目標を立てる。

自分で考え、実行し、反省し、目標を立てられる人間。

これが社会で通用する大人なのだ。

野球部でいえば、適切な自主練習が継続的に行えるということ。

世の中には、行動力はあるけど、計画性がないとか、計画だけは立派だけど、実現しようとしていないとか、そういう「自称大人」がたくさんいる。

もちろん、誰もが立派な大人になれるわけではない。日常生活のどんな小さなことでも真摯に取り組み、この「計画→行動→反省→目安」を繰り返していけば、少しずつでも成長することができる。そして、いつかかならず大きなことが成しとげられるはずだ。

フォローのできる人間であれ

朝の散歩で、部員たちは落ちているゴミに気づけば拾う。

タバコの吸い殻が落ちていれば、それも拾う。最初は彼らも「なぜ、マナーの悪い大人の後始末を僕たちがやらなければならないのか」と言っていた。

しかし私は彼らにこう伝えた。

「大人だって、エラーをするしミスもする。それをお前たちがフォローしただけだ。野球と同じなんだ」

「お前たちは捨てる人ではなく、拾う人になりなさい」

気づいた者が、すぐにゴミや吸い殻を拾えば、あとから通る人が嫌な思いをしなくてすむ。そして、ゴミや吸い殻を拾うことは、自分の心もきれいにするのだ。

よく「意識して○○をやりなさい」と言うが、誰だって意識すればできるはずだ。

「今週はゴミ拾い月間です」とか、「今日はゴミ拾いのボランティアをしよう」などと意識すれば、ゴミを拾えるのだ。

朝起きて顔を洗うように、ボールを捕って投げるように、無意識にゴミが拾えるようになってほしいし、それができるようになったら本物だ。

落ちているゴミを見て、無意識に拾えるようになってこそ、瞬間的な対応ができる。それは野球だけでなく、社会に出てからもかならず役立つ。

なんの見返りがなくても、他人のために何かをするという、利他的な精神を少しだけもってみてほしい。

次の人をいかにラクにさせるかというのは、チームプレーの鉄則でもある。全員がそういう気持ちを持つことで、チームが強くなるのだ。これは、野球にかぎったことではない。

また、誰かのミスを糾弾するより、そのミスをすぐにフォローする心を育ててほしい。

たとえば、誰かが試合中にミスをした。そこで「あいつのせいで負けた」「あいつのせいで点をとられた」と思うようでは、少しも成長できない。

それよりも、「自分がフォローにまわればよかった」「あのときひと声かけておけば、ミスを防げたかもしれない」と考えるべきだ。そういう気持ちが次のミスをなくし、チームだけでなく、自分自身も成長させるのだから。

「なんくるないさー」は通用せず

興南高校野球部では、時間厳守を徹底している。

集合時間に1分でも遅れたら許さない。レギュラーなら、即刻外す。

遠征などのバスでもそうだ。遅れた者には「お前はもうバスには乗せない。来たければ走ってこい」と言い渡す。

零コンマ何秒を争う野球の世界で、1分も遅れたらアウトどころではない。「少しくらいなら遅れてもいいだろう」「どうせ待っていてくれるだろう」という慢心が、心のゆるみを生む。時間がどれだけ重要か、時間を守らないことがいかに大きな失敗につながるかを、理解してほしいのだ。

時間に関しては、こんなエピソードもある。

私が北海道から沖縄に戻り、関係者や昔の同級生たちに歓迎パーティを催してもらったときのこと。夕方の7時開始のはずが、全員集まったのは夜の9時すぎだった。内地の人には驚かれるだろうが、これがかの有名な「うちなー（沖縄）タイム」なのだ。

沖縄の人は時間にルーズで、約束しても30分や1時間は平気で遅れてくる。それでも慌てないし、遅れてきた相手を怒ったりすることもない。そして、いつまでもそういった習慣を変えようともしない。

たとえば都市部のビジネスマンが、約束の時間に30分も1時間も遅れてくるなどありえない。限りあるお互いの時間を尊重しているからこそ、彼らはきちんと時間を守るのだ。

私は平然と遅れてくる参加者を一喝した。

「こんなことは社会に出たら絶対に通用しない。親のあなたたちが、子どもをダメにしているんです」

これは大人も子どもも関係ない。もちろん、沖縄だけにかぎった話ではない。

時間を守るということは、信頼関係を築くうえでの大前提だ。特別な理由もないのに、時間に少しでも遅れるということは、相手の貴重な時間を無駄にする、ある意味で時間ドロボウのようなものだ。それだけで信頼を裏切ることになる。

時間厳守は、子どものころからきちんと教えるべき、社会の大切なルールなのだ。

社会のしくみを知った者が勝つ

興南の野球部員は、全員なんらかの委員会に所属している。これも、早く大人に育てるための取り組みのひとつだ。

部内には、次のような委員会がある。

・「環境保全委員会」……グラウンドや学校、寮周辺の清掃を率先して行う。
・「時間／風紀委員会」……早寝早起きや集合時間の遵守を、全部員に徹底させる。
・「学力向上対策委員会」……テスト前に率先して勉強会を開き、学力を向上させる。
・「節約委員会」……光熱費をもとに節水や節電を率先して行い、全部員に徹底させる。
・「記録／情報分析委員会」……対戦相手についての情報収集と分析を行い、部内で情報を共有する。
・「チームワーク委員会」……一人ひとりを大切にした「和」のある野球部となるよう規律ある行動をとらせる。

各委員会にはリーダーがおり、部員たちはリーダーのもとで自発的に行動する。

これは会社組織のようなもので、営業部、総務部、管理部などといった部署を想定している。配属されたら、おのおの計画を立ててなんらかの活動をし、その結果をレポートすることになっている。

生徒たちも最初のうちは何をしていいのかわからず、戸惑っていた。しかし、しばらくすると「休日にみんなで、町内のゴミ拾いをします」「テスト前に、みんなで勉強会を開きます」と、自分たちでいろいろ気づき、考え、行動しはじめた。

そうすることによって、確実に成果も出ている。

「学力向上対策委員会」によってオールAの成績をとるレギュラー選手がいたし、「節約」委員会によって寮で使う光熱費を、2割以上減らすこともできた。

役割と権限、そして責任感を与えることで人は成長する。

どんな小さなことでもいいから、成功体験をたくさん重ねることが大切なのだ。

自分の「言葉」に責任を持つということ

あるとき、練習を休んだ部員たちがいた。

私が「なぜ休んだんだ？」と聞くと、「ちょっと風邪をひきました」「ちょっとスライディングしてケガをしました」と言う。

私は「ちょっと、ちょっとって、いいかげんに言葉を使うな。ちょっとならなぜ練習を休むんだ。とても痛かったなら休んでもいいが、ちょっとなら出てこい」と返した。

またあるとき、朝の散歩に遅れてきた部員がいた。「なぜ遅れたんだ？」と聞くと、「起きるのを忘れました」と言う。あまりにストレートすぎる理由に思わず笑ってしまったくらいだ。

私たちは普段、無意識に、あたり前に「言葉」を使っているが、「言葉」というのは非常に重いものだ。

うまく使えば、コミュニケーションをとり、情報を伝達するための優れたツールになる。しかし、下手に使えば、お互いに誤解を生むこともある。

特に指導者は、言葉には細心の注意を払わなければならない。

社会人野球の監督と高校野球の監督を両方経験して感じたことは、高校生というのは人生経験が少ない分、監督の言葉一つひとつを素直に聞き、真面目に忠実に実行するということだ。

万が一、指導者が間違ったことを言えば、その通りに実行してしまう。そういった側面があるのだ。だからこそ、指導する側は自分の口から出す一つひとつの言葉に責任を持って伝えるべきだ。

言葉に関する、あるエピソードがある。

甲子園に優勝したときのインタビューで、私は「沖縄のみなさん、甲子園に来てくださったみなさん、テレビの前のみなさん、応援してくださってありがとうございます」と感謝の意を述べた。

するとインタビューのあと、ある友人からメールが届いた。

「優勝おめでとうございます。先ほどのインタビュー拝見しました。でも、〝全国のファンのみなさん〟という言葉が抜けていましたよ」

そのメールを読んで、私は別の記者会見で「全国の、高校野球を見守り応援してくださったみなさん」とつけ加えた。

言葉というのは、相手をよろこばせることもできるし、傷つけてしまうこともある。だからこそ、人を指導する立場にある者が言葉を使うときには、人一倍気をつけなければならないのだ。

真の価値は裏面を見ればわかる

私は、玉城という小さい村で育った。子どものころは自分の住んでいるところから、海や山を眺めた。また、父親の漁の手伝いで沖に出て、海からも自分が住んでいるところを眺めた。遊びの最中には、山の上からも自分が住んでいるところを眺めた。

そして、海から見た自分たちの村、山から見た自分たちの村、そして自分たちの村から見た海や山……、それぞれまったく見え方が違うことに気がついた。


鏡を見るとき、ほとんどの場合は自分の正面の顔を見る。

しかし、それは一方向から見た自分でしかない。

上から見た自分、うしろから見た自分、横から見た自分、すべて違うのだ。

ピッチングやバッティングのフォームも、正面からだけではなく、うしろ、横、斜めから見たときにどう見えるのかを、しっかりチェックするべきだ。

あらゆる角度からものを見て、客観視することは非常に大切なことだ。

たとえば、人間の価値というのはさまざまなベクトルがある。頭がいいとか、運動神経がいいとか、ユーモアがあるとか、やさしいとか、真面目だとか。しかし、偏差値という一方向からしか見なければ、その人の本当の価値は見えないままだ。

野球選手だって、こいつは足が速いとか、あいつは腕力が強いとか、それぞれに長所がある。指導者というのは、いち早くそれに気がつかなければならない。

どんなときにも、さまざまな角度から物事を見る習慣をつけよう。

一方向からのみでは、決して本当の姿や本当の価値が見えなくなる。

自分ができないことは他人にやらせるな

スポーツというものは、指導者によって理論も違えば、同じ人間が言う理屈も日ごとに変化していく。

これはどんな競技でもそうだ。

そういうわけのわからない世界であり、絶対的な正解がない世界でもある。

そして、これは社会に出てからも同じだ。

昨日上司が言ったことが、今朝になるともう変わっているなどという経験は、社会人なら誰もが持っているだろう。しかしそこで「昨日はこう言ったじゃないですか」と、目くじらを立てるわけにはいかない。

それが社会というものだからだ。

指導者自身もひとつの考え方にとらわれず、常識を疑い続けなければならない。私自身もいままでさまざまなトレーニング法を考え、実践してきた。

私が監督業をはじめたのは40歳のときだったが、34歳で現役を引退してからは、コーチや助監督として練習メニューをつくっていた。

練習メニューをつくるときの信条は、「かならず自分でもやってみること」だ。

選手に40キロを走らせるというときは、まず自分でその距離を走ってみる。腹筋や背筋も、まずは自分でその回数をやってみる。実際にやってみれば、そのトレーニングが、どのくらいつらいかがわかる。

もともと私はトレーニングメニューを考えるのが得意だった。毎日同じ練習をさせたことがないくらいだ。

いろいろなトレーニングメニューを考えるのが楽しかったし、独自に編み出した練習法もたくさんある。そうすることで、部員たちはもちろん、私自身も成長し続けることができたのだ。また、新しいトレーニングもどんどん取り入れた。それまでの伝統的な練習法をことごとく変えてやろうと思っていた。

食事だって、毎日同じでは飽きてしまう。トレーニングも同じで、飽きさせないことが大切なのだ。その動きに飽きてしまえば、慢心してすきができる。集中できなくなる。そして、楽しくなくなる。

トレーニングというのは、どんなにきつくても、どこかで楽しいと思えるのが大切なのだ。自分自身が、子どものころや社会人時代、さまざまなスポーツから学んだように、いいと思うものはなんでもトレーニングに取り入れた。

北海道でのコーチ時代の話だ。

私がスキーをトレーニングに取り入れようと提案すると、「ケガをしたらどうするんだ」とOBの中に反対する人たちがいた。当時は野球選手がスキーをやるなんて、とんでもないことだった。

しかし私は「スキーがダメだと言うなら、なぜ車の運転はいいのか」と監督を説得して、スキーをトレーニングに取り入れた。もちろん、リフトは使わずに歩いて上まで登らせた。

「今日は町内観光をしよう！」と提案したこともある。選手たちはみんな大よろこびだ。

まず、借り物競走のように紙を拾わせた。そこに書いてあるのは、「町内1周マラソン」「川沿いの道を往復ダッシュ」「商店街のゴミ拾い」「苫小牧往復走」など。このユーモアたっぷりの練習法は、現在の興南高校野球部でも取り入れている。

本番でうまくいくかどうかは、準備で決まる。つまり、日々の練習だ。そして、練習内容を考えるときに重要なのは、実際の試合でどういう動作が必要となるかである。

一般的な野球部の練習では、どこのチームも走り込みをしたり、柔軟体操をしたり、キャッチボールをしたりする。ダッシュひとつとっても、打って走る走塁もあれば、ボールを捕って走る動きや盗塁もある。

それなのに、どうして同じようなダッシュの練習しかしないのか。

ボールを投げるにしても、試合では左に動いてキャッチして投げる。右に動いてキャッチして投げる。うしろに下がりながらキャッチして投げる。しかも前だけではなく、うしろに投げることもある。ならば正面ばかりに投げず、さまざまな方向に投げる練習をすべきなのだ。

そして、ただ走るだけのランニングだ。体力づくりという意味では決して無意味ではない。だが、野球には陸上競技のように延々と走るような動作はない。それならばランニングに野球の動きを取り入れたり、背走の練習をさせたりするほうが合理的だ。

興南高校野球部の練習に共通しているのは、「すべて実戦に則している」こと。つまり、練習中のすべての動きが試合中の動きに直結しているのだ。

特にウォーミングアップは重要だ。興南流のウォーミングアップには、実戦での動きがすべて入っている。ウォーミングアップをひと通りこなせば、戦いの前の十分な訓練になる。しかも、ボールやグローブなどの道具は使わない。

３～４時間の練習の中で、１時間はみっちりウォーミングアップに使う。だから、よその監督がうちの練習を見学に来ると、「いつ野球の練習がはじまるんですか」と、みんな驚いたような顔で言う。

ある大学の監督は、こう言っていた。

「うちの学生に興南のウォーミングアップをさせたら、みんな辞めてしまうでしょうね」

興南流のウォーミングアップは、そのくらいきつい。

新入生たちは、最初はウォーミングアップにまったくついてこられず、途中でバタバタとリタイアする。しかし半年もすれば、ほとんどの選手がこなせるようになる。その結果、強い下半身ができてくる。

ウォーミングアップで野球の動きを身につけながら、まずは抵抗力のある体づくりをしていこうというのが、私の基本理念なのだ。

行動に価値を見い出せば勝てる

「興南の選手たちは、試合中にいつも全力疾走していて気持ちがいいですね」と、言われることがある。

しかし、彼らは高校生らしい爽やかさをアピールするために走っているわけではない。意味があるから走っているのだ。

すばやく守備位置につくのは、次のバッターを確認してポジショニングを調整したり、風向きを計算したりするためだ。少しでもそういう時間を確保しようと考えているから走る。守備が終わってすぐさまベンチまで走るのは、攻撃の指示を受けたり、ピッチャーの様子をチェックしたり、相手の守備位置を確認したりする時間が、少しでもほしいからだ。

練習中であっても試合中であっても、自分のしていることについて、常に意味を見いだそうとすることが大切なのだ。それが、頭を使う野球である。プレーを生かすも殺すも、ちょっとした動きに知恵を絞れるか、頭を使えるかどうかが大切だ。

頭を使いながら、実戦を意識した練習で小さな達成感をたくさん味わい、万全の準備を整える。

小さなことにも常に全力で取り組んでいれば、強い精神力が養える。

そして、準備を怠らなければ、自信を持って本番に臨める。

試合前に「今日はどんな展開で、何点差の勝負になりそうですか」などと取材されることがある。そんなとき、私は答える。「試合がどうなるからは未知のことですから、私にもわかりません。わかりませんが、未知Ａのパターンも、未知Ｂのパターンも、未知Ｃのパターンも、未知Ｄのパターンも、すべてグラウンドで練習してきました」

相手にすれば何を言っているのかわからないと思うが、それが私の本心なのだ。

「反応力」を持つということ

世の中は、日々めまぐるしく変わってゆく。

「十年ひと昔」という言葉があるが、いまは3年もたてば、街の様子が変わり、新しい常識が生まれる。

そういった変化に対応していくためには、心の「柔軟性」、すぐに反応できる「反応力」、そして力強い「行動力」が必要だ。

そのためには、相手が何かしてくれるのを待つのではなく、自分から動かなければならない。

しかも、すばやくだ。

たとえば、新しい人や新しい仕事にめぐり会いたいと思っても、待っているだけでは何も変わらない。

会える確率を上げるためには、自分の足を使って探せばいい。それも、ただ動くのではなくて、「この場所に行けば会えそうだ」と、予想を立てて動く。

そうすれば、成功率は、おのずと上がる。

野球も同じだ。野球は常に動いている。

成功する確率の高い野球をするためには、常に先を読んで行動しなければならない。


私はこれを「反応野球」と呼んでいる。


一般的に、キャッチボールをするときには、「相手の胸をめがけて投げなさい」と指導する。つまり、投げるほうを指導しようとするのが通常のやり方だ。しかし、この方法でキャッチボールの技術は上がるだろうが、実際の試合では、通用しないことが多い。

試合中、ボールはどこに飛んでくるかわからない。「相手の胸をめがけて投げなさい」ではなく、「相手の球に反応して追いつき、正面でボールを捕りなさい」というのが私の考え方だ。つまり捕るほうを重要視している。

考えてみれば、実戦の守備で胸元にまっすぐ飛んでくるボールなどほとんどない。

実戦ではすばやくボールに追いつき、すばやく投げ返すことが重要なのだ。

ボールが離れた瞬間に判断して動く。これが「反応野球」である。

野球は、1球ごとにさまざまなケースが生まれる。

状況によってどこに動くべきか、どこに投げるべきかを一瞬で判断して、あらゆる方向に動ける準備をしておかなければならない。

本番の試合で大切なのは、1球1球、成功する確率の高いプレーをすることだ。

「反応野球」とは、その確率を上げるための野球なのだ。

逆さに物事を考えたことはあるか

これは余談になるが、北海道時代の楽しみのひとつに、ゴルフがあった。

私は、野球で得た体力があったから、ゴルフの練習をいくらやっても苦にならなかった。

ゴルフ初心者は、普通は最初に打ちっぱなしへ行き、ドライバーで遠くへ飛ばす練習をする。スクールではそこから教えられるし、順番を考えて1打目から練習しようと思うから、どうしてもそうなる。

しかし、私は逆からはじめた。

つまり、ボールをカップに入れるパターからだ。次にグリーンまわりのマナーを覚えた。

そして、50ヤード以内のアプローチをひたすら練習した。

ドライバーの練習からはじめた人ほど、ゴルフに挫折する場合が多い。

なぜなら、初心者がゴルフ場で実際にプレーしてみると、苦労するのは１００ヤード以内に入ってからだからだ。

初心者はそこからダフったりバンカーに入れたりして打数を重ね、もたもたして同行者や後続のプレーヤーに迷惑をかけてしまい、さんざんな目にあう。そして、「ゴルフはもうこりごり」となってしまうのだ。

初心者がゴルフをはじめるときは、パター、グリーンまわり、１００ヤード以内をきちんと練習しておくことだ。それさえできるようになれば、堂々とコースに出られる。フェアウェイに乗っていれば、飛距離はさほど重要ではない。この方法なら、スコアもすぐに１００を切れるようになるはずだ。

世の中ではあたり前だと言われていることも、一度自分なりに疑ってみることが必要なのだ。

着るものをナメるな！

私が興南高校野球部の監督になってから、ユニフォームを創部当時の伝統的なデザインのものに戻した。

なかなか勝てないでいると、気持ちを切り替えるつもりなのか、ユニフォームのデザインを簡単に変えてしまう監督がいる。強豪チームのデザインを真似てみたり、流行のデザインを真似てみたりする。

しかし、安易にデザインをコロコロ変えたら、ユニフォームの意味がない。

ユニフォームは伝統であると、私は思う。

最初にチームをつくったときのユニフォームを踏襲することで、伝統を築いていくのだ。同じユニフォームを着ることで、80歳の先輩も10代の現役選手も、同じ志を持つことができる。そして、さまざまな人の思いがつまったユニフォームだからこそ、「このユニフォームを汚さない生き方をしよう」と思えるのだ。

ユニフォームや制服を着ることにはちゃんと意味がある。
統一心が生まれ、職業意識も芽生える。それと同時に士気も上がる。
デザインにもそれぞれ意味がある。パジャマ姿の看護師やアロハシャツを着た警察官がいたら、どうにも信頼できそうにない。

近頃は「うちの子は制服が嫌いなんです」と言う親たちがいる。「暑いからＴシャツで野球の練習をさせたらどうか」と言う人もいる。そういう人たちは、自分の子どもが社会に出たときに、「うちの子は制服が嫌いだから、Ｔシャツで仕事をしてもいいですか？」とでも言うのだろうか。

会社の制服であったり、スーツであったり。働くときに、好き勝手な服を身につけるわけにはいかない。また、冠婚葬祭のときに身につける服が決まっているように、服装というのはマナーの基本だ。

きちんと制服を身につけることは、大人になるための訓練にもなる。

身なりというのは、心をあらわすものだ。

同じ制服やユニフォームでも、だらしなく着れば、口元がゆるんだり猫背になったりする。

きちんと着れば、自然と背筋が伸びて身も心も引き締まる。

だらしない格好をしていたら、身も心もだらしなくなる。

高級な服を着なくとも、流行りの服を着なくともよい。

清潔な服をきちんと着ることが、人間として大切なことであり、まわりの人に対する礼儀でもあるのだ。

第5章　仲間の信頼や協力を得る　和《わ》

信頼のパスポートは「あいさつ」から

私は部員たちに、野球の技術について細かいことは、ほとんど言わない。いつも口うるさくいうのは、小さなことを大切にすることだ。そして、あいさつはその中でも最たるものだ。

「あいさつ」というのは、人間同士のコミュニケーションにおける、基本中の基本である。しかし「元気よくあいさつをしよう」とか「笑顔であいさつをしよう」などと口先だけで生徒に説いても、あいさつの大切さはなかなか伝わらない。

では「あいさつ」の本当の意味とはいったい何か。

「あいさつ」の「あい」は心を開いて相手に言葉を投げかけること。そして、「あいさつ」の「さつ」は心を開いて受け入れ、相手に言葉を返すこと。

あいさつというのは、自分の心と相手の心をつなぐパスポートのようなものだ。「こんにちは」と声をかけられたら、自分も「こんにちは」と言葉を返す。お互いに言葉をかけあってこそ、はじめて「あいさつ」が成立する。どちらか一方通行では、あいさつとは言えない。

私があいさつを重要視するのは、道徳的な意味だけではない。あいさつをすることで、チームが強くなったり、仕事がうまくいったりするからだ。あいさつのないチームは絶対に強くなれないし、あいさつのない会社は組織としてうまくいかない。

野球の場合、普段からあいさつの習慣をつけることで、日常生活でも情報交換が増えてくる。練習中や試合中の声かけも増えてくる。

試合で負けてしまう理由は、決して技術の差だけではない。「あそこでカバーに入れなかった」「あのときの処理が甘かった」というほんのささいなことが、勝敗を決める。

野球は助け合うスポーツだ。だから、常にカバーリングの精神を持たねばならない。「ミスをするかもしれないから自分がカバーしよう」「一球一球を丁寧に処理していこう」という気持ちを、全員が常に持っていなければならない。

そのためには、まず声をかけあうことを習慣づけることだ。

「声をかける」だけでなく、「声をかけあう」ことが重要なのだ。

「いくぞ！」「オーケー！」

「まかせた！」「オーライ！」

「がんばれよ！」「ありがとう！」


誰かが声をかけたら、かならず自分もそれにこたえる。

試合中は、お互いの声かけで防げるミスがたくさんある。また、野球だけではなく仕事でも、ひと言あいさつを交わすだけで、防げるミスが多いのだ。

他人に「選ばれる」人間になれ

社会で最も必要とされるのは、どんな人間だろうか。

それは、かならずしも仕事のできる人間ではない。それよりも、リーダーシップを発揮することのできる人間が評価される。仕事のできる人間は多くいるが、いいリーダーになれる人間はとても少ないからだ。

リーダーシップとはいったい何か。リーダーシップは無理矢理つくるものではない。「今日から俺がリーダーだ」と宣言しただけでは、決して人はついてこない。

真のリーダーシップというのは、おそらく次のような瞬間に生まれるものではないだろうか。

「何事にも真摯に取り組んできた者が、
他人に道徳観を与え、
そこに信頼感が生まれたとき」

リーダーシップというのは、技術や知識を教えるだけではなく、ただ上から指示をするだけでもない。まわりの人たちから信頼感を得て、はじめて生まれるものだ。

また、いちばん大切なのは、自分自身が真摯にやってきたかどうかだ。さまざまなことを一生懸命にやってきた者が、自分の成功体験や失敗にもとづいて、まわりの人たちを引っ張っていく。これがリーダーに最も必要な資質なのだ。

２０１０年、甲子園春夏連覇のキャプテンだった我如古盛次。彼をキャプテンにした理由を聞かれることがある。

彼は、最初は人前に出るのがとても苦手だった。話をするのも下手だった。しかし、野球の練習はもちろん、朝の散歩、ゴミ拾い、１分間スピーチ、掃除など、誰よりも一生懸命、嫌な顔ひとつせず取り組んでいた。下級生にも真剣に向き合い、一つひとつ丁寧に教えていた。野球部のキャプテンは全部員の投票で決めることになっているのだが、みんなの意見も私の意見も同じだった。

キャプテンとなってからも、環境保全委員会の委員長であった彼は、誰よりも早くグラウンドに来て、グラウンド整備に励んでいた。

我如古がキャプテンになったのは、決して野球がうまかったからではない。ほかの誰よりも、信頼されていたからなのだ。

自分の手をまず動かす

私の好きな言葉に、「率先垂範《そっせんすいはん》」がある。

これは、「指導者自らが進んで手本を示し、模範を示す」という意味の言葉だ。

世の中には、ルールを守れと言いながら、ゴミのポイ捨てをする大人がいる。自分で努力していないのに、子どもに努力を強いる親がいる。

これでは、人はついてこない。子どもが親の背中を見て育つように、指導される側というのは、指導者をよく見ているものだ。指導者自身が実際にやって見せないかぎり、人は育たない。お互いの信頼関係がなければ、どんな立派な言葉も響かない。

私は現在、興南高校野球部の監督だけでなく、理事長、そして校長という3足のわらじを履いている。肩書きに興味はないが、自分が何かの役に立てるならという気持ちでやらせていただいている。

また、クラス担任や各教科の教師たちには、「うちのクラスは日本一だ」「私の授業は世界一だ」と胸を張れるくらいになれと言っている。そして、「自分が変わらなきゃ、生徒も変わらんぞ」とも言っている。

相手を変えたいなら、まずは自分自身が変わらなければならない。相手に何かをさせたいなら、まずは自分自身がその何かをやってみせなければならない。

子どもたちにあいさつをさせたいなら、自分がまずあいさつをする。生徒にゴミを拾わせたいなら、自分がまず率先してゴミを拾う。

自分が変われば、相手もかならず変わる。口先だけでは、人の心は動かせない。

指導者一人ひとりが、いまの自分に満足することなく、さまざまなものを見たり、聞いたり、感じたりして、幅広い知識と経験を積み、日々成長していってほしいと思う。

信頼は無言につながる

私は幼いころ、両親に「あれをしろ」「これをしろ」などと、あまり言われたことがない。昔はみんな生きていくのに必死だったから、子どもは腹が減ったらそのうち帰ってくるだろう、というくらいの放任主義だった。

生活のために町にバナナを売りに出かけ、畑仕事をするおふくろ。左手に障害があり、家族を養うために必死で働く親父。そんな両親の背中を見て、子ども心に自分も手伝いをして、何か親の助けにならなければいけないと、自然に思ったものだ。

昔のような放任主義が正しいとは言わない。しかし、いまの過保護すぎる親たちは、子どもたちに考える機会をあまりにも与えなさすぎる。

朝起きる時間だから起きなさい。食事の時間だから食べなさい。学校に行く時間だから行きなさい。塾に行きなさい。出かけるから車に乗りなさい。……まるで社長秘書のようだ。

こうやってスポイルされた子どもたちは、自分の頭で考えることをしなくなる。自分の頭で考えないということは、自分で責任をとらないで、なんでも他人のせいにする人間になってしまうということだ。そして、いくつになっても大人になれない、何もできない人間に育ってしまう。

大人になるということは、自立することだ。

子どもを育てるということは、自立するためのサポートをすることなのだ。

サポートは甘やかすことではない。子どもと向き合い、対話することだ。

だから親は、毎日子どもに聞いてみてほしい。

「今日は何か楽しいことあった？」「何か新しいことを覚えた？」「何を食べた？」と。

そして、「おはよう」「いってきます」「いってらっしゃい」「ただいま」「おかえり」などの小さなあいさつを、たくさん交わしてほしい。

子どもたちは、日々成長している。さまざまな新しいものを見て、聞いて、新しい自分を発見している。親が子どもと対話することは、子どもの心をまっすぐ育てるための、最も重要な手助けとなるのだ。

学びつづける人がいい

世の中にはさまざまな能力を持ち、発揮している人たちがいる。

それはもちろん、スポーツだけにかぎったことではない。

たとえば、おいしい食事をつくる料理人がいる。絵を描くのがとてもうまい画家がいる。おもしろい小説を書く作家がいる。

自分にないものを持っている人が、世の中にはたくさんいる。そして、彼らから学ぶ機会を得たなら、自分の枠組みなど気にせず、どんどん学ぶべきだ。

学ぶという意味では、ずっと同じ人から学んでいては効果が薄い。どうしてもマンネリ化するし、その指導者の考え方にとらわれてしまう。

だから、できるだけたくさんの人から、多くを学んだほうがよい。人に学ぶ謙虚さを自分の心に育てれば、さまざまな考えに触れ、自分の視野を広げることができるのだ。

私自身、静岡時代の陸上部をはじめ、さまざまなスポーツから学んだことがたくさんある。社会人として、企業の中で学んだこともたくさんある。野球の世界に没頭して、ほかのものを見ようとしなかったら、現在の自分はないと思う。

だからこそ、生徒たちには常に「私の言うことがすべてではないぞ」と教えている。進学や就職など、次のステージで自分がつかんだものと、これまで学んだことを組み合わせ、自分の考えにもとづいて行動する人になってほしいのだ。

支えてくれる人を大切に

非レギュラー部員のことが考えられない者を、私は決してレギュラーにはしない。

甲子園で優勝すれば、スポットライトは当然レギュラー部員に向けられる。

2010年は、どうしてもエースの島袋やキャプテンの我如古をはじめとする、レギュラーメンバーたちが脚光を浴びた。祝勝会でも、彼らに多くの花束や拍手が送られることが多かった。

しかし、興南の野球を支えているのは、ほかの100人以上の部員たちである。

雨の日も風の日も、嫌な顔ひとつせず、愚痴も言わず、ボールを拾い、グラウンド整備をし、バッティングピッチャーやブルペンキャッチャーを務めてくれた、そういう野球部の「根っこ」を支え続けてくれた彼らがいなければ、決して花を咲かせることはできなかったのだ。

レギュラー部員たちは、「自分たちだけがすごい」「俺がいたから勝てた」などと天狗になってはいけない。陰で支えてくれた者たちを裏切るような言動や振る舞いをしたら、私は絶対に許さない。

ある祝勝会で、私が「がんばってくれたレギュラー以外の部員たちにも、どうか拍手をお願いします」と言うと、参加者のみなさんから、レギュラー陣より何倍も大きな拍手を送っていただいた。そのときは、心の底からうれしかった。

自分を支えてくれる人たちのことを、常に忘れてはいけない。

甲子園であれば、球場に応援にきてくれた人、テレビの前で応援してくれた人。高校野球の関係者、報道関係者、家族や友人、そして、正々堂々と戦ってくれた相手チーム。そういう人たちへの感謝がなければ、次の花を咲かせることなどできないのだ。

たとえ社会で成功しても、決して傲慢になってはいけない。

人間は、常に謙虚な姿勢でいれば、いくつになっても成長することができるのだ。

人生にベンチ裏はない

興南高校の野球部には、１３０人を超える部員がいる。

しかし、野球の試合は９人対９人で行うものだ。甲子園の場合、登録選手は18名。

そうなると、もちろん３年間レギュラーになれない部員もいる。むしろレギュラーになれない部員が大半なのだ。

しかし、レギュラーだとか甲子園だとか、目先のものだけを目指すなら、うちの野球部にいる意味はない。

中には「どうしてうちの子を試合に出してくれないんですか」と言う親もいる。

そういうとき、私はこう話す。

「ここは修行の場です。レギュラーになる、試合に出るといったことだけにこだわるのなら、どうぞお引き取りください」

レギュラーになるとか、甲子園にいくとか、それはもちろんうれしいことだ。その子の努力の結果でもある。

しかし、たとえ甲子園で優勝できたとしても、それは一瞬の輝きでしかない。それよりも、部活動を通して何を学んだか、学んだことを次のステージでどう活かせるかのほうが、よほど大事なのだ。3年間で花が咲かなくとも、これから長くつづく人生の花をいつか咲かせればいい。野球部は、そのための根っこづくりをするための場なのだから。

だから、レギュラーになれない子にはこう話す。

「レギュラーになれるかなれないかなんて、長い人生から見たらたいしたことじゃないぞ。将来うんと偉くなって、レギュラーだった連中をこき使ってやればいいじゃないか」

「だから、立派な社会人になるために好きな野球を通して、ここで修行をしていけばいいんだ」

野球部で育んだ精神力を活かして、次のステージでホームランを打てればいいのだ。

幸いなことに、興南の野球部にはほとんど辞める者がいない。野球を通して社会へ出て行く準備をするための場所だと、部員たち自身が理解しているからだろう。

仲間は自然と結びつく

強豪校の野球部には、100名を超える新入部員が入ることもある。そうなると、レギュラーとか甲子園とか目標が高すぎて、志半ばで辞めていく子もいるだろう。

また、少数精鋭主義で、ある程度技術の高い選手しか入部させないという方針の監督もいる。あまりに人数が多いと、部員全員に目を配ることができないためだろう。

しかし私は、入部制限などはしたくない。部員たちに途中で辞めてほしくもない。

技術や素質に差はあれど、みんな野球がしたいという気持ちで入部してきた子どもたちだ。たとえレギュラーになれなくても、思う存分野球を楽しみ、かならず何かをつかんで卒業していってほしい。

野球の楽しさは、投げて、打って、走って、捕ること。そしてチームに参加することだ。せっかく野球部に入ったのだから、全員が思いきり野球を楽しんでほしい。

だから、うちの練習は全員参加型だ。

試合となれば全員参加というわけにはいかないが、普段は全員が平等に伸びるような練習メニューを組んでいる。狭いグラウンドではあるが、130人がちゃんと野球をできる練習メニューを考えている。

うちの練習は、正直きつい。

でも、野球が好きなら楽しめるはずだ。

また、何事も本気にならなければ、楽しめるはずがない。

いつでも真剣勝負で、試合をやっているつもりで練習していれば、毎日の練習が楽しくなる。部員たちにそういう気持ちになってほしいから、練習メニューには工夫をこらすし、常に実戦を想定した練習を行っている。

甲子園も、野球部のグラウンドも同じだ。練習中に真剣になれなければ、甲子園に行って真剣勝負ができるはずがない。

日々の練習こそ、本番と同じように真剣に取り組むことが大切なのだ。

野球はチームで戦うスポーツだ。

どんなに個人の能力が高くても、チームワークを大切にしなければ、勝つことはできない。

チームワークとは、ただ仲良くすることではない。

チームワークとは、文字どおり「それぞれが与えられた役割をきちんとこなすこと」まずはそれが大原則だ。そして次に重要なのが、信頼関係を築くことだ。

信頼関係を築きたいなら、まず何事にも真摯に取り組むことが必要だ。

全員が常に真剣に練習に取り組んでいれば、自然と相手を信頼できるし、自分も信頼してもらえるようになる。

いいかげんな気持ちで練習している仲間を、あなたは信頼できるだろうか。

また、いいかげんな気持ちで練習をする自分自身を、信頼できるだろうか。

たとえば、技術はないが小さなことに真面目に取り組んでいる、チームメイトや同僚がいる。

あなたはその人のことをバカにできるだろうか。

バカにするどころか、そこには大きな信頼や、真の友情が生まれるのではないだろうか。

どんな小さなことにも真摯に取り組んでいる仲間の姿は、何よりも大きな信頼に値する。

それは、たとえ言葉を交わさなくてもわかることだ。

そして、仲良しごっこだけでは、本当の信頼は生まれない。

真摯な行動を日々積み重ねる中で、信頼が築かれ、自然とチームワークが育まれるのだ。

これは野球も仕事も同じである。


人間というものは、おごりが出たら伸びなくなる。成長が止まってしまうのだ。

「自分はもうベテランだ」とか「俺は完璧だ」とか「もう学ぶことはない」などと思ったら、その人はすでにその世界で、老いぼれたということだ。

自分を過信し、得意になり傲慢になった瞬間から、思考や行動が鈍くなる。

自ら学んだり、動こうとしたりしなくなる。

まさに、老いへの道がはじまってしまうのだ。

年齢は関係ない。10代でも老いぼれた人はたくさんいるし、80代や90代でも、謙虚に相手から学ぼうという、若い心を持っている人もいる。

本当のベテランとは、過去の経験にもとづいて、未来を切りひらける人のことだ。

そもそも、ベテランだの強豪だのというレッテルは、他人の評価でしかない。

「まだまだ学ぶことがある、自分はまだまだ成長できる」と考えれば、自然と謙虚な姿勢でいられるはずだ。

そして、どんなときでもまわりへの感謝を忘れないことが人を成長させるのだ。

甲子園での優勝インタビューで、キャプテンの我如古盛次は、開口一番こう答えた。

「今日の優勝は、沖縄県民のみなさんで勝ち取った優勝だと思っています。

本当にありがとうございました！」

エースの島袋洋奨は、こう答えた。

「1回戦から暑い中、一生懸命な応援、みなさん本当にありがとうございました！」

私は、この謙虚な言葉を聞いて「彼らはまだまだ伸びる」と確信した。

手にする道具も仲間と思う

野球がうまくなりたいなら、まず野球の道具を大切にすることだ。

仕事ができるようになりたいなら、まず仕事の道具を大切にすることだ。

甲子園で、私は選手たちを二度叱ったことがある。

一度目は、2010年の夏の甲子園の最中、練習後に宿に戻ったときのこと。土で汚れたボールがそのままカゴに入れられ、絨毯《じゅうたん》の上に置かれていた。汚れたボールを絨毯の上に置くとは何事だろうか。

自分の家の絨毯に、汚れたボールを置かれても平気なのだろうか。私はその配慮のなさにあきれ、選手たちを叱った。

そして私は、自分の荷物から真っ白いタオルを取り出して、ボールを拭いた。150個のボールを一つひとつ拭いた。真っ白だったタオルは、最後は真っ黒になった。

彼らは次の日から、練習が終わると自らボールを拭くようになった。

私は、真っ黒になったそのタオルを洗って、風呂に入るときも使った。

甲子園の期間中ずっと使った。

「ものを大切にする」とは、そういうことだからだ。


二度目は、沖縄から来た私たちに、甲子園の近隣にある高校がグラウンドを貸してくれたときのこと。

バッティング練習をしていると、うちのある選手が打ち損じたボールが足元に落ちた。そして、彼は何気なくポンとボールを蹴ったのだ。離れたところから見ていた私は、すぐさま走っていって怒鳴った。

「いま、お前は何をやった！　お前たちのために大切なグラウンドを貸してもらっているのに。大切なボールも貸してもらっているのに。そのボールを蹴ったのか。すぐに謝りなさい！」

彼はすぐに相手の部員たちに向かって、「すみませんでした！」と頭を下げて謝った。相手の監督にも深々と頭を下げて、大きな声で謝った。

彼は、みんなの前で怒鳴られた。しかし彼は、すぐに自分のしたことの意味に気づき、素直に反省することができた。

野球をやっている者が、野球の道具を大事にしなかったら、野球がうまくなるはずがない。

社会人の仕事道具と同じだ。

自分の仕事道具を蹴飛ばすような者に、いい仕事ができるはずがない。

しかし実は、その選手を怒ったのは半分意図的だった。彼はとても実力のある選手だったが、試合に起用するかどうか迷っていた。その矢先にそんな事件があったものだから、彼ならきっと奮起してくれるはずだと私は考えたのだ。

案の定、彼は試合に出ると期待以上の活躍をしてくれた。

素直に恩を受け、誰かに返す

「叱る」ことと「怒る」ことは、決定的に違う。

「怒る」というのは、ただ自分の感情を相手にぶつけてしまうことだ。

その証拠に、怒りの言葉の裏には、「お前のせいでうまくいかなかった！」「お前のせいで俺のメンツがつぶれた！」「お前のせいで俺が損をした！」といった心の声がある。

それは自分の欠点やストレスを、相手にぶつけることで解消しようとする、自己満足のようなものだ。

指導する立場の者は、決して結果を子どものせいにしてはいけない。

それよりも、指導力のない自分の責任だと考えなければいけない。

一方、「叱る」というのは、相手のためを思ってかける言葉だ。

「道徳心を身につけさせよう」「成長させよう」という心から出てくる言葉だ。

当事者だって、自分が怒られているのか、叱られているのかはわかる。

そして、叱ったあとは早めに切り替えさせ、正しい道筋を教えることが何よりも大切なのだ。

つまり、相手にもっとよくなってほしいという気持ちを込めて、言葉をかけることが大切だ。教育者としては何よりも、無関心がいちばんいけない。

私は、生徒たちに煙たがられても、嫌われてもいい、うるさい親父だと思われてもいい。生徒のためになることを言っているという自負があるからだ。

5年後、10年後、あるいは私が死んでからでも、「あのとき叱られてよかった」と思ってもらえればいいのだ。もちろん、感謝などいらない。

叱られたことが財産だと思ったら、次の世代にその財産を伝えてほしい。道徳心や倫理観というのは、人から人へ伝わりながら育まれていくものなのだ。

「自分さえよければいい」という考えでは、決して世の中はよくならない。

お年寄りを大切にするのは、これからゆく道。
子どもを大切にするのは、自分が来た道。
受けた恩は、次の世代に返す。
与えた恩は、戻ってこなくてもいい。

第6章　人生のスコアボードで一流になれ

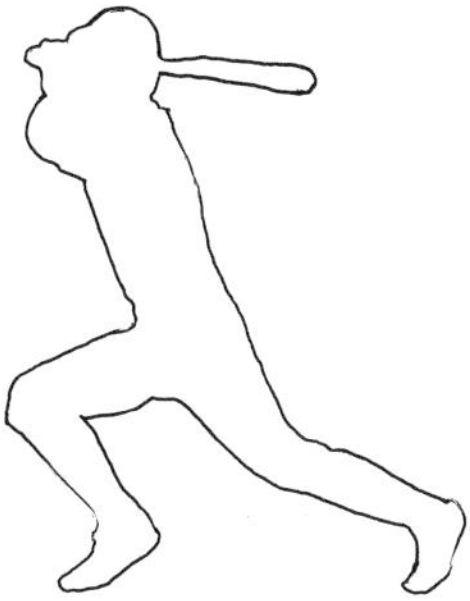

同情に甘えてはいけない

１９６８年、興南高校のナインとして甲子園でベスト４に入ったとき、インタビューで
「日の丸を見てどう思いますか」

「甲子園の土を持って帰れないことをどう思いますか」

「まだ英語を使って生活しているんですか」

などと、多くの記者たちから聞かれた。

そのときは、

「ああ、沖縄というのは遠いところなんだな」

「沖縄の文化や風習は本土の人には知られていないんだな」

と、子ども心に思ったものだ。


過去、沖縄戦では多くの兵士や市民たちが犠牲となった。そして戦後、沖縄はアメリカの統治下に置かれることになった。１９７２年に日本に復帰したが、教育にしても経済に

しても、内地とは大きな格差があった。

かわいそうな沖縄、同情すべき沖縄……。世の中では、そういった声が多く聞かれた。

しかし、沖縄も内地も同じ日本なのだ。いつまでもそういった感情に甘えていたら、沖縄は成長することができない。


戦後何十年もかけて、内地との格差は確実に埋まりつつある。

しかし、私に言わせればまだまだ物足りない。

目的に対する執念、思ったことを伝える表現力、物事に取り組む姿勢、約束事に対する責任感……。やはり、沖縄と内地の違いは明らかだ。


その代表が「なんくるないさー」という考え方。

「なんくるないさー」は、「なんとかなるさ」という意味の沖縄の方言。これを南の島らしい、楽観的でアバウトな気質と肯定的にとらえる人が多いが、私はこの考え方が嫌いだ。

暖かいところに住んでいると、まず凍え死ぬということがない。そして自然に果物や野菜が育つから、たとえ家がなくても、働かなくても「なんくるないさ」というわけだ。

日々やるべきことを、きちんとやったうえでの「なんくるないさ」ならいい。

「人事を尽くして天命を待つ」とか、「いつまでも落ち込まないで、気持ちを切り替えて次に行こう」という前向きな意味で使うなら、すばらしい言葉だと思う。

しかし、多くの場合は怠けるための言い訳に「なんくるないさー」を使っている。

働かない、努力しない、行動しない。

そういった、怠けぐせを肯定するための「なんくるないさー」なのだ。

もちろん、それでも運よくなんとかなることもあるかもしれないが、そういった他力本願の考え方では、一歩も前に進むことはできない。

逆境にはワナがある

私は18歳まで沖縄で育った。そして沖縄を離れ、外の世界を見て来たからこそ言える。

沖縄はとても恵まれた、すばらしいところだ。

青い海、温暖な気候、豊かな自然。おいしい食べ物もたくさんある。人びとの郷土愛も強く、誰に対しても友好的で親切な人柄だ。「平和を愛する気持ち」や「お年寄りや祖先を敬《うやま》う気持ち」は、他府県とくらべても引けをとらない。

だからこそ、沖縄県の人たちにはもっともっと、強くなってほしい。野球だけでなく、教育も、経済も、産業も、文化も、自分たちの力で強い沖縄に変えていかなければ、真の意味で内地と対等になることはできないのだ。

たしかに沖縄は、基地問題など重要な問題を数多く抱えている。戦争や差別といった悲しい歴史もある。しかし、そういった過去を乗り越えて自立型の沖縄をつくることが必要だ。

たとえば基地問題でも、いざ基地がなくなったらどうなるのか、どういった方法で経済や産業を立て直すのか、まずはその対応策を考えるべきだ。そのうえで、中長期的に計画を立てて行動していかなければ、いつまでも沖縄は自立することができない。

長い歴史の中で、さまざまな考え方が生まれる。いいものも悪いものも、親から子へ引き継がれる。だからこそ、沖縄も少しずつ変わらなければならない。

沖縄の子どもたちを鍛えるのは、内地の数倍は難しかった。しかし、甲子園で彼らはあれだけの活躍をしてくれた。「なんくるないさー」と甘えていた沖縄の子たちが、あの偉業を成しとげたのだ。

大切なのは、自立心を育てることだ。自分の足でしっかりと立つことだ。

そして固い信念や粘り強さ、広い知識や柔軟性を身につけ、自分たちの力で、もっともっと強い沖縄を育てていってほしい。

「目指します」「一生懸命やります」では成しとげられず

私は「目指します」という言葉が嫌いだ。

なぜなら、志ばかりが高くて、口先だけで語られることが多い言葉だからだ。

「目指す」というのは、たとえ失敗しても責められないための、逃げの言葉のような気がしてならない。

たとえば政治家が「かならずやります」と言ってやらなければ、責められるかもしれないが、「目指します」と言ってやらなくても、特別責められることはない。

本当にがんばっている人は、脇目もふらない。

はるか向こうにある、高望みの目標ばかり目指すより、一歩一歩確実に小さな目標に到達している。

「目指します」と同じく、私が嫌いなのは「一生懸命やります」という言葉だ。

これも、言葉にするのが簡単だからか、非常によく耳にする。

しかし、なぜかこの言葉をよく使う人にかぎって、一生懸命やってなどいないのだ。「目指します」「一生懸命やります」と宣言したからには、最後は「できました」になってほしい。そうでなければ、「目指そうとしただけ」「一生懸命やろうとしただけ」で終わってしまう。

たとえば、「平和に感謝します」「戦争反対」など、口では誰にでも言える。そういう人たちは、平和のために自分に何ができるかを、考えたことがあるのだろうか。そして、具体的に何か行動しているのだろうか。

もちろん、気持ちも大切だ。しかし、いくら思っても行動に移さなければ、現実は変わらない。行動に移すにしても、予測や対応策がなければうまくいかない。

月を見て、「月にはウサギが住んでいる」と思った人はそこまでの人だ。「なんとかすれば月に行けるはずだ」と思った人がいたから、人類は月に行けたのだ。

どんなことでも同じだ。できると信じた人間が、道を切りひらいてきたのだ。

大切なのは、失敗しても成功しても、次にやるべきことを考え、新しい挑戦をしつづけることなのだ。

これまでの人生は、いつもそうだった。無理難題にぶつかったときこそ、逆にワクワクしてくるくらいだ。この問題をどう料理しようか、どう腕を振るおうかと考える機会が与えられたのだから。

まさに逆境こそが、人生のチャンスなのだ。

自分に何が足りないのかを知る

勝負に勝つには、まず己を知り、敵を知ることだ。

相手に負けていると思ったら、くらべてみて何が足りないか考え、その差を埋めて、乗り越えることが大切だ。

技術が足りないのか、体力が違うのか、それとも知識なのか、経済力なのか……。

それらを見極めたうえで、具体的に差を埋める方法を考える。

「彼を知りて己を知れば、百戦して殆《あや》うからず」という孫子の言葉がある。

これは相手を知り、また自分のことを知れば、１００回戦っても勝てるという意味の言葉だ。

また、これには続きがある。

「彼を知らずして己を知れば、一勝一負す。彼を知らず己を知らざれば、戦うごとに必ず殆うし」

つまり、自分のことだけしか知らなければ、勝敗は五分五分。自分のことも相手のことも知らなければ、勝ち目はないというわけだ。

私は、このさらに上をいこうと思っている。

「敵が己をどう思っているか」を知るのだ。

つまり、自分のことを知り、相手のことを知り、さらに相手が自分を、どのようにとらえているかを知っておくのだ。

そうすれば、おのずと勝率は上がる。

相手が自分のことを弱いと思っていれば、油断をする。

逆に強いと思っていれば、万全の準備をして全力で向かってくるだろう。

自分が変われば相手も変わり、そして世界も変わるのだ。

長所の研究は勝利への道

勝負事では、「勝つためには、常に相手の弱点を研究せよ」などとよく言われる。

しかし、私はそうは思わない。

相手の弱点よりも、相手の長所を研究したほうが、勝利への近道だからだ。相手の弱点をつくよりも、相手のいいところを真似するほうが、はるかに建設的なのだ。

相手の長所が自分に足りないものであれば、その差を埋めていけばいいだけのことだ。

まずは、その差がわからなければ埋めようがない。だから相手の長所をよく見るべきなのだ。

相手の弱点を見ても、自分自身は少しも成長できない。相手に勝ちたいなら、自分より優れている部分を学んで身につければよいだけの話だ。

私自身、子どものころに玉城から那覇に行って、田舎と都会の差がわかった。那覇の子は人見知りをしない。だから自分も、どんどん相手に話しかけようと思った。

静岡に行ったときは、ほかの選手たちとの力の差に圧倒された。私は彼らのトレーニングを学び、少しでも差を埋められるよう毎日必死でトレーニングを重ねた。

また、キューバ遠征では、キューバの選手たちの強い精神力や戦う姿勢を学んだことで、野球に対する考え方が根本から変わった。

相手と自分の間に差を感じたときほど、大きな闘志がわいてくる。

それこそが真のハングリー精神なのではないだろうか。

「守・破・離」の精神

「守・破・離」という、武道の世界などでよく使われる言葉がある。どんな世界でもそうだが、まず基本を徹底的に教えて、それを守らせる。そして毎日きちんと鍛錬を積む。これが「守」。守は毎日の修行のようなものだから、とてもつらい。「守」を成しとげるには、忍耐強さが必要になる。

「守」によって修行を積んだら、いつかは殻を破って、新しいことを試してみる。破ってはじめて、自分の力で何かを獲得できるのだ。これが「破」だ。

しかし、ずっと「破」のままだと、単なる野生児になってしまう。普段は「守」で、いざというときに「破」ができる精神力を持つ。それこそが本当の強さになる。

こうして「守」と「破」を繰り返していくうちに、いつか「離」を獲得できる。「離」とは、無駄な動きをせずに獲物をとらえられるような、さとりの境地だ。

守ってきた基本と新しいものを融合させ、さらにそれを発展させながら、はじめて「離」の境地に近づくことができる。

ひとつのたとえ話がある。

ある日、きこりが山へ出かけると、珍しい動物を見つけた。きこりは「町で売れば高い値がつくだろう。よし、つかまえてやろう」と考えて近づいた。

「名前は？」と聞くと「さとり」と答える。しかし「さとり」は、きこりの心を見透かして「お前、俺をつかまえようとしているだろう」と言う。

相手にこちらの思惑がバレたら、つかまえることなど、とうてい無理だ。きこりはあきらめて仕事へ戻った。そして、木を切り倒そうとして斧を振り上げると、手が滑って斧が飛んでいった。すると、斧が「さとり」に当たって、つかまえることができた。

つまり、「さとり」と対峙《たいじ》していたときのきこりは、とらぬ狸の皮算用から「つかまえてやる！」という気持ちで頭がいっぱいになり、それが相手に伝わってしまったというわけだ。

野球でも、ガチガチにかまえて「絶対に打ってやるぞ！」という顔をしていたら、相手は打てる球など投げてこない。自然体でバッターボックスに立たれるのが、ピッチャーにとって、いちばん嫌なものだ。つまり「離」のバッターだ。

どんな分野でも、「離」をマスターした者は強い。しかし、「離」はそう簡単ではない。「離」の境地に達するためには、「守」と「破」を繰り返す鍛錬が必要なのだ。

勝って学び、負けて学べ

甲子園で優勝できるのはたったの1チームだ。優勝チーム以外は、かならず悔しい負けを経験する。

しかし、野球の神様は「負けから学べ」と言う。

世の中には「負けるが勝ち」という言葉もある。負けた悔しさよりも、負けて何を学んだかが大事なのだ。原因を見極めて、それを繰り返さないようにすればいい。

甲子園の報道でよくあるのが、負けたチームの選手たちが、泣きながら甲子園の土を集めているシーン。

泣き顔をカメラで映され、まるでこの世が終わったような表情で、仲間に抱きかかえられていく。

もし、うちの選手があんなことをしたら、絶対に沖縄に連れて帰らない。

負けたからといって、何を泣いている。悲劇のヒーローにでもなったつもりか。まだまだ人生は長いのに。甲子園が終わって、これから長い人生がはじまるというのに。

彼らは、人生がうまくいかなかったら、そのつど泣くのだろうか。

負けたときこそ、唇を噛みしめて、前を向いて、歩いていけばいいではないか。

誰だって、どのチームだって負けたくない、勝ちたいのだ。でも、永遠に勝ち続けることなどできないし、かならず負けるときがくる。


勝った者にも重圧はある。高校野球は連覇が難しいと言われるが、強豪だとか前回優勝といった栄光を背負えば、当然大きなプレッシャーがかかる。

同じ1メートル四方に立つにしても、平地に立っているのと、山のてっぺんに立つのとでは、見える景色がまったく違う。同じ立つという行為なのに、頂上にいると、落ちるかもしれないという不安と恐怖が生まれる。そうなると心が乱れて、落ちるはずがないのに落ちてしまうこともある。

だからこそ、私はいつも「勝っても負けても、すぐに忘れろ。いつまでも引きずるな」と言っている。

勝ったときもおごらない。負けたときも泣かない。日々やるべきことをやり続けることこそが、人間を強くするのだ。

裏の回でも気を抜くな

野球のイニングには、表と裏がある。表と裏で攻守交代する。

これはまさしく、人生そのものをあらわしていると、常々考えている。

世の中では、表の部分ばかり目立つものだ。甲子園で優勝したとか、何か大きな賞をとったとか、立派な会社に勤めているとか。

そういった誰からも見えるものが「表の部分」だと言えるだろう。

そして、表が目立って輝きだせば、世間というのは「裏の部分」を見たがる。

たとえばオリンピックで金メダルをとれば、日本中から祝福され、称賛される。これが表の部分だ。そしてそのうち、裏の部分を詮索《せんさく》されるようになる。つまり、この人はどんな性格なのか、普段はどんな練習をしているのか、学生時代はどうだったのか、プライベートでは何をしているのか……。そういった裏の部分が表の部分に釣り合っている人こそが、本物なのだと思う。

いくら表がピカピカでも、裏が汚れていたらそのうち表の輝きもくすんでしまう。逆に言えば、表はきれいでなくとも、裏がきれいにみがかれていれば、いつか表も輝きはじめる。

野球でいえば、試合で投げる、打つ、走るといった、目に見えやすいことが表の部分。筋力トレーニング、メンタルトレーニング、食事管理といった、目に見えにくいことが裏の部分だ。

この目には見えない「裏」でやってきたことが、いつかかならず「表」にあらわれるのだと、私は思う。

このことを象徴するエピソードがある。

2010年夏の甲子園で、四番打者の眞榮平大輝《まえひらだいき》が絶不調に陥った。こうなると、何をやっても歯車が、かみ合わない。マスコミの記者たちはよってたかって「なぜ彼を代えないのか」「いつまで彼を使い続けるのか」という言葉を私に投げかけてきた。

しかし私は、「興南の監督は私だ。誰を使うかは私が決める」と、断固として眞榮平を代えなかった。

四番打者というのは、眞榮平の表の姿だ。そして甲子園の前半に不振であったこともまた、目に見える表の姿だった。しかし、監督である私は彼の裏の姿を知っていた。

彼は、目には見えない「裏」の部分を決して怠らなかった。朝の散歩やゴミ拾い、グラウンド整備など、人の嫌がることを真摯にやり続けていた。彼は表の四番打者であると同時に、裏の四番打者でもあったのだ。

記者たちの目には、彼の表の姿しか映らない。彼の裏の姿がわかるのは、365日選手たちを見てきたこの私だ。だからこそ、彼の力を信じていたのだ。

彼を起用し続けた結果、徐々に調子を取り戻し、本来の力を発揮するようになった。そして甲子園が終わったあとは、島袋、我如古、国吉《くによし》、山川《やまかわ》らとともに全日本選抜メンバーにも選ばれ、アメリカでも大活躍したのだ。

裏と表というのは、長い人生にも置きかえられる。

人生にはいいときもあれば、かならず悪いときもある。

だからこそ、調子がいいときでも思い上がらない。悪いときでもくよくよしない。表のときに浮かれていれば、すぐに裏で逆転されてしまう。

人生の勝敗は、最後の最後までわからないのだ。

人生のスコアボードはずっとつづく

高校野球にかぎって言えば、部員たちの年齢は15歳から18歳。

まだまだ人生経験の浅いひよっ子たちだ。彼らのゴールは、決して甲子園ではない。

だから、いつも私は彼らにこう伝える。

「野球の試合は9回で終わるが、人生のスコアボードは一生つづく。お前たちはその長い長いスコアボードで、ずっと戦っていかなければいけない」

そして、いつまでもよろこんでいる暇はないし、落ち込んでいる暇もない。レギュラーになることや、甲子園にいくことだけが人生の目標ではない。それよりも、人生のスコアボードで確実に点を重ねて、人生の勝利者になってほしいと思う。

将来きちんと仕事をして、社会の役に立つ自立した大人になる。学生時代とは、そのための準備をする貴重な時間であり、高校野球とは、強い心と体を育てるための場所なのだ。

私は、人が生きていくうえで、日々成長することが大切だと考えている。たとえ少しずつでもいい。どんなことでもいい。いくつになっても、どんな状況でも、歩みつづけてほしい。歩みを止めてしまえば、そこで終わりなのだ。

他人から見たらささいなことでも、昨日できなかったことができるようになるのは、とてもすばらしいことだ。

昨日はバットを振ってもボールにかすりさえしなかった。ならば今日は、かすっただけでも大きな一歩なのだ。昨日とは違う新しい自分に、出会えたということが大切なのだ。

私自身、挫折や失望を何度となく味わってきた。しかしどんなときにも自分を支えてくれたのは、日々目の前にあった小さなこと、面倒くさいこと、人の嫌がることをやってきた経験だった。

過去にやってきたこと、そしていまやっていることは、かならず未来につながっている。自分の努力こそがいちばんのお守りなのだ。だからこそ、常に新しいことに出会う勇気を持って、挑戦しつづけてほしい。

５年後、10年後、あるいは数十年後に、「監督、仕事で認められて昇進しました」とか、「会社の社長になりました。社員が１００人います」などと言う、成長した姿の教え子たちと再会することが、私のいまの夢だ。

そのとき彼らが、「野球部で学んだように、日々小さなことをおろそかにせず、根っこを育て続けてよかった」と思っていてくれたら、これほどうれしいことはない。

おわりに

2010年8月21日。

この日は、私にとって忘れられない日となった。

そして、沖縄県民にとってもまた、忘れられない日となった。

興南高校が、沖縄県勢ではじめて夏の甲子園で優勝を果たしたのだ。

それだけではない。史上6校目の甲子園春夏連覇という快挙を成しとげた、歴史に残る夏の日となった。


夏の甲子園初優勝、それと同時に春夏連覇を果たした興南ナインに、沖縄県は祝福ムードにわいた。県民は泡盛で祝杯をあげ、大いに盛り上がった。

長い甲子園の歴史の中で、初戦で敗退を期すことも多かったにもかかわらず、沖縄の人たちは、いつも高校球児たちに熱い声援を送りつづけてくれた。そして、沖縄のみなさん、全国のみなさんのおかげで、春の紫紺の優勝旗につづき、夏の深紅の優勝旗をはじめて沖縄に連れて帰ることができたのだ――。

ふり返ると、沖縄県勢がはじめて夏の甲子園に出場したのは、1958年の首里高校だった。当時の沖縄は、琉球政府として米軍の統治下にあった。植物検疫法に触れるため、初戦で敗れた球児たちが、甲子園の土を持ち帰ることさえできなかったという悲しい歴史もある。

沖縄県勢初の甲子園出場から10年後の1968年、私は興南高校野球部の四番、キャプテンとして、甲子園に出場することができた。このとき興南高校は、県勢初のベスト4となり、その活躍は「興南旋風」と呼ばれた。

そのあと、私は社会人野球の選手として静岡県に移り、転勤先の北海道で34年間を過ごすことになった。沖縄で育った私が、北海道で34年間を過ごすことになるとは、まったく想像もしていないことだった。

そして、60歳を前にして、新たな転機が訪れた。母校である沖縄・興南高校野球部の監督として、38年ぶりに沖縄に戻ることになったのだ。まさか、最北の北海道から最南の沖縄へ戻り、母校の野球部の監督を務めることになるとは、これもまた想像もしていない人生だった。

沖縄に戻り、興南高校の野球部の寮をのぞいたとき、私は呆然とした。

寝ない、起きない、食べない。

これが部員たちの実態だったからだ。

夜は、だらだらと遅くまで起きている。好き嫌いが多く、食事を残す。朝は、寝ぼけまなこで起きてくる……。

「これでは、甲子園に出場するどころか、将来まともな大人になることさえできない」

そう考えた私はまず、部員たちにきちんとした生活を徹底させることからはじめた。

早寝早起き、食事をきちんととる、あいさつをしっかりする……。

その結果、私が監督に就任してからたった3ヵ月で、彼らは沖縄代表となり、甲子園の初戦を突破することができたのだ。

「なんくるないさ」の精神で、どこか甘えていた部員たちの表情は、明らかに変わっていった。そして、気がつけば甲子園春夏連覇という偉業を成しとげてくれた。彼らが、私を日本一の監督にしてくれたのだ。

なぜ、興南高校野球部は強くなれたのか。なぜ、甲子園で優勝できたのか。部員たちの技術や素質は、ほかの高校生となんら変わらない。むしろ小柄な選手が多い沖縄県勢は、体格という意味では決して有利とはいえないだろう。

しかし、野球は技術や体格だけで決まるものではない。特に甲子園にかぎっては、選手たちの精神力が大きくものを言う。

つまり、精神力を養うことが、大きなアドバンテージになるのだ。部員一人ひとりの強い心を育てることで、強いチームになれる。

そして、何事にも真摯に取り組むこと、小さなことをおろそかにしないことが、強い精神力、ひいては強固なチームワークを育んでゆく。

興南高校は、一人ひとりの技術や素質だけで見れば、決して強豪ではない。甲子園で強さを発揮できたのは、日々のたゆまぬ努力で、精神力をみがいた結果なのだ。

どんなにつらい逆境でも、人を強くするためには、普段は土の下に隠れて目に見えない

「根っこ」を育てることが大切だ。

大地にしっかりと立つ、たくましい「根っこ」こそが、人生の美しい花を咲かせるのだから。

最後に、本書をつくるにあたり、多大なご協力をいただいた関係者のみなさん、興南高校の教職員、沖縄県民のみなさん、全国の高校野球ファンのみなさんに、感謝を申し上げたい。

そして、多くの子どもたちに、希望ある明るい未来が訪れることを、願ってやまない。

２０１１年５月吉日

我喜屋優

我喜屋優（がきや・まさる）

1950年6月23日、沖縄県生まれ。1968年の第50回甲子園に復帰前の沖縄代表となり、興南高校の4番・主将として出場。沖縄県勢を初のベスト4に押し上げた「興南旋風」と呼ばれる活躍をみせる。高校卒業後、社会人野球の大昭和製紙富士に入部。その後、大昭和製紙北海道に移籍し、1974年の第45回都市対抗野球大会では、北海道勢初の優勝に貢献。現役引退後は、大昭和製紙北海道、クラブチーム・ヴィガしらおいの監督も歴任。2007年より、母校・興南高校野球部監督に就任。2010年、史上6校目の甲子園春夏連覇の偉業と同時に、沖縄県勢初の夏の甲子園優勝を達成した。現在は野球部監督の他、学校法人興南学園の、理事長と校長も兼任している。

逆境を生き抜く力

2011年6月10日　第1版第1刷発行　　定価（本体1400円＋税）
2011年9月25日　　　　第6刷発行

著者　我喜屋優

発行者　玉越直人

発行所　WAVE出版
〒102-0074
東京都千代田区九段南4-7-15　JPR市ヶ谷ビル3階
TEL　03-3261-3713　FAX　03-3261-3823
振替　00100-7-366376
E-mail　info@wave-publishers.co.jp
URL　http://www.wave-publishers.co.jp/

印刷・製本　中央精版印刷

ISBN: 978-4-87290-520-5

WAVE出版の本

利他のすすめ

チョーク工場に学んだ幸せに生きる18の知恵

日本理化学工業（株）会長
大山泰弘　著

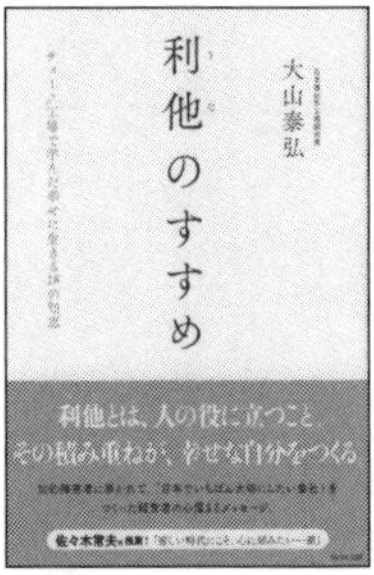

誰かの役に立つということ。『日本でいちばん大切にしたい会社』の経営者による涙なくしては読めない心温まる体験的幸福論。

1400円

働く君に贈る25の言葉

佐々木常夫　著

勇気が湧いたと感動の声続々。逆境を乗り越え社長になった〝ビジネスマンの父〟が教える、どんなときでも強く生きる「知恵」。

1400円

新版ビッグツリー

自閉症の子、うつ病の妻を守り抜いて

佐々木常夫　著

働きざかりの著者に次々とおこる家族と仕事の大波乱。解決の糸口を見つけていくしかなかった著者から学ぶサラリーマン一家の大樹《ビッグツリー》論。

1300円

〈表示価格は税別です〉

WAVE出版の本

男の子の育て方

諸富祥彦　著

恋愛・結婚・仕事・家庭がうまくいく男に育てるには、どうすればよいのか。最高に楽しくて、愛に満ちた子育て本の決定版！

1300円

女の子の育て方

諸富祥彦　著

優しくて、賢い子になるラブ&ハッピーな子育て術！人を愛し人から愛される、幸せな女性に育てるためにすべきことがこの一冊に。

1300円

泣いて、笑って、母でよかった

読字障害《ディスレクシア》・南雲明彦と母・伸子の9200日

小菅宏　著

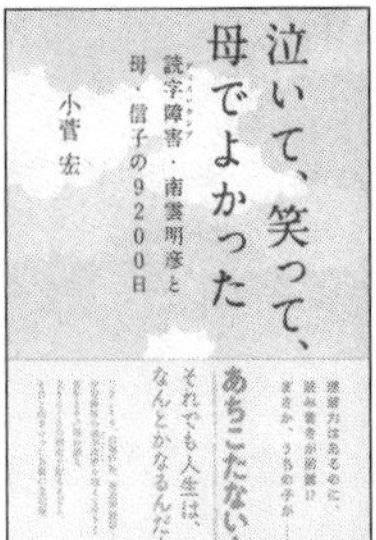

ひきこもり、自傷行為、強迫神経症……。そして読字障害《ディスレクシア》をかかえて生きる青年と共に闘った母のドキュメント。

1500円

〈表示価格は税別です〉